A Ken, amico fedele dal manto bianco.

INDICE

INTRODUZIONE

Se sei qui, probabilmente non devo convincerti che i social media stanno modellando e sconvolgendo profondamente il nostro modo di vivere e fare affari oggi.

I Social media hanno il potere di cambiare vite e imprese in modo incredibile. Possono lanciare prodotti verso un successo stratosferico in modi del tutto nuovi e offrire un accesso immediato a milioni di clienti, recapitando letteralmente messaggi nelle loro tasche.

Non importa se il tuo prodotto o il tuo servizio è ancora sconosciuto o non è la trovata più originale che possa esserci sul mercato. Ciò che conta è come lo saprai vendere attraverso la tua campagna pubblicitaria.

Si è sempre detto che la pubblicità è l'anima del commercio e questo detto, mai come nell'era contemporanea, risponde ad una verità piena, assoluta ed indiscutibile.

I social media sono ciò che incornicia le nostre reazioni e le nostre relazioni, la struttura che usiamo per connetterci con gli altri e raccontare le nostre storie. I social media sono il mezzo perfetto per farsi conoscere e creare una rete connessa con le persone o per usare un termine amato da un noto social network "collegarsi", con le altre persone.

Questo vale per la tua storia personale, ma i social media offrono anche una piattaforma alle imprese per connettersi con i clienti già fidelizzati e con i potenziali, aprendo un mondo totalmente nuovo per il marketing.

Lo sviluppo del marketing, di cui in questi manuali non analizzeremo l'aspetto storico, già ampiamente trattato da altri autori, è diventato oggi uno strumento indispensabile per aiutare chiunque voglia lanciare un prodotto sul mercato, generare vendite e offrire un ottimo servizio ai clienti.

L'era di internet ha portato alla formazione di moltissimi nuovi mercati dove poter operare, tra cui quello delle vendite e degli acquisti online, come se quasi esistesse un altro pianeta virtuale dove poter interagire, accessibile a tutti, in qualunque momento del giorno e della notte e da qualunque posizione geografica nel mondo. Sono completamente state abbattute tutte le barriere che invece sono obbligatoriamente presenti nel mondo reale.

Non da meno un buon marketing sui social media implica la creazione di connessioni autentiche e l'offerta di valore attraverso contenuti e interazioni.

È una vera e propria combinazione di arte e scienza e attraverso questo manuale acquisirai tutte le competenze e gli strumenti di cui avrai bisogno per farlo bene, che tu stia cercando di intraprendere una carriera nel settore del marketing sui social media, che tu lavori per una grande azienda, per un piccolo negozio di famiglia o semplicemente che tu sia interessato a promuovere il tuo brand e la tua storia sui social media.

Questo è il manuale adatto a te!

La prima cosa che voglio sottolineare è che non hai bisogno di alcuna esperienza per iniziare ed anche io la prima volta che ho sentito parlare di marketing, oltre che terribilmente affascinata ero profondamente confusa, è davvero un nuovo mondo tutto da scoprire e ci sono voluti anni prima che maturassi la giusta consapevolezza in merito a questo ampissimo argomento. Ora è il momento di condividere il mio sapere ma soprattutto la mia esperienza con te, per aiutarti a definire chi sei oggi e chi sarai domani dopo che avrai ultimato questo percorso di formazione.

L'unico strumento di cui avrai bisogno è una voglia, smodata ed incontrollabile di usare i social media e come me, imparare a condividere.

Sono certa che ora la domanda che principalmente affolla la tua mente è:- Ma dopo aver impiegato il mio prezioso tempo a leggere e studiare questi manuali che cosa farò dopo? Dove potrò andare a lavorare? Che ruolo potrò ricoprire?

Per rispondere alle domande che sono certa ti sarai posto anche prima di decidere se acquistare o meno questo manuale, ho preparato una panoramica per te di tutti i possibili sbocchi occupazionali che potrai trovare dopo questo percorso di formazione.

I lavori nel marketing sui social media possono essere generalmente suddivisi in due categorie. In primo luogo, ci sono diversi lavori che si concentrano sulla gestione dei social media. In questi lavori, giochi un ruolo nella creazione della voce e della personalità dell'azienda sui social media. Ad esempio, ci sono ruoli come coordinatore dei social media e coordinatore dell'interazione.

Come coordinatore dei social media, potrai pubblicare sui profili dei social media e seguirai le istruzioni del direttore dei social media. Potresti lavorare con un marchio o un'azienda ben nota o persino con una celebrità. Il coordinatore dell'interazione è simile al coordinatore dei social media, ma oltre a pubblicare sui profili dei social media e messaggiare con i follower, è anche responsabile di guidare il comportamento online dei follower. Incentivi i follower a interagire con i tuoi post e rispondi ai commenti e reagisci alle tendenze nel panorama dei social media in generale. Questo programma ti prepara anche per una seconda categoria di lavori nel marketing sui social media, ovvero lavori che si concentrano sulla creazione e gestione della pubblicità a pagamento sui social media. Questi lavori esistono sia nelle agenzie pubblicitarie che dal lato del cliente. "Social media marketing associate" è uno dei tipi di ruoli che troverai in un'agenzia pubblicitaria. Lavorare per agenzie è un modo divertente e dinamico per mettere in pratica tutto ciò che hai imparato. Saresti coinvolto nella creazione di campagne pubblicitarie per diverse piattaforme dei social media. Le agenzie hanno molti clienti, quindi avrai l'opportunità di lavorare su un ampio numero di campagne diverse, con molti obiettivi diversi e per molte diverse aziende. È un modo estremamente entusiasmante per entrare nel mondo della pubblicità sui social media. Lavorare come "social media marketing associate" dal lato del cliente significa lavorare per un cliente o un'azienda specifica. Potrebbe trattarsi di grandi marchi già molto noti al pubblico, o di marchi più piccoli che si affidano molto ai social media. I ruoli che troverai qui sono simili a quelli delle agenzie, ma concentrerai i tuoi sforzi pubblicitari su un solo marchio e spesso collaborerai con i tuoi colleghi dal lato delle agenzie, lavorando sul lato del cliente. E' un modo fantastico per approfondire il tuo impegno in un solo marchio e concentrarti su come utilizzare al meglio le tue competenze nei social media su quel singolo marchio. Naturalmente, potresti scoprire che nelle aziende più piccole una singola persona si occupa del marketing sui social media e deve svolgere molte mansioni diverse, o potresti decidere di avviare la tua attività, caso in cui le competenze nel marketing sui social media saranno utili mentre farai crescere la tua azienda. Oltre ai lavori che ho descritto finora, ci sono moltissimi altri lavori disponibili per coloro che padroneggiano l'arte dei social media, tra cui blogger, ambasciatori di marca, responsabili della comunità, coordinatori o associati dei social media, manager, direttori e copywriter dei social media. Mentre molte aziende stanno cercando di assumere specialisti di social media marketing nel loro team, potresti anche decidere di diventare un freelance. Il marketing sui social media si presta molto bene a ruoli part-time o freelance. Ad esempio, potresti lavorare come freelance nella scrittura di contenuti per il marketing sui social media, supportando una grande azienda che potrebbe avere occasionalmente bisogno di un aiuto extra, o potresti aiutare una piccola azienda nella gestione della loro pagina Facebook.

Ti faccio un piccolo esempio pratico: aggiungere "Bakery" rende chiaro ciò che offre l'attività e consente di comparire nelle ricerche per le panetterie, oppure puoi anche aggiungere un riferimento alla tua posizione nel tuo nome utente, cosa che potrebbe aiutare se vuoi attirare più persone nel tuo quartiere o se desideri distinguere i negozi in diverse località.

Infine, cerca di mantenere una coerenza nella scelta del nome su tutti i tuoi canali di social media. In questo modo, le persone possono cercare facilmente la tua attività su qualsiasi piattaforma stiano usando, anche se il nome utente non è esattamente lo stesso. Pensa a un fattore comune tra tutti i tuoi nomi utente. Ad esempio, l'organizzazione no-profit italiana utilizza lo stesso nome su Facebook e su Instagram. Naturalmente, le opzioni di denominazione possono variare leggermente da un canale all'altro e il nome preferito potrebbe non essere disponibile, ma con questi suggerimenti sono sicura che potrai trovare un nome adatto.

Un'altra parte importante per stabilire la tua presenza sui social media è la scelta di una foto del profilo e di una copertina. Queste immagini ti permettono di rendere davvero unico il tuo account, quindi è importante sceglierle bene. Scegli un'immagine che rappresenti al meglio la tua attività. Di solito, il tuo logo è la scelta migliore per la foto del profilo. È il modo in cui le persone ti riconoscono e identificano.

Su molti canali di social media, puoi anche scegliere una foto di copertina, che è l'immagine che appare nella parte superiore della tua pagina o account. Scegli un'immagine che dica qualcosa sulla tua attività. Potrebbe mostrare i tuoi prodotti, una foto dietro le quinte, un riferimento a una campagna pubblicitaria in corso, e così via. Su alcune piattaforme, come Facebook, ad esempio, puoi anche aggiungere un breve video come copertina. Ricorda che è facile cambiare la tua immagine di copertina, quindi cerca di sfruttare questa possibilità. Puoi utilizzare l'immagine di copertina per comunicare un messaggio rilevante.

Dopo aver aggiunto nome, foto del profilo e di copertina, dovresti aggiungere le informazioni di contatto. A seconda della tua attività, potresti voler inserire il tuo indirizzo fisico, il sito web, l'e-mail o il numero di telefono e magari anche gli orari di apertura. Aggiungi tutte le informazioni che possono aiutare le persone a mettersi in contatto con te.

Dovresti anche aggiungere una descrizione della tua attività, qualcosa che dica alle persone di cosa si tratta. Qui puoi parlare del prodotto o servizio che offri e puoi anche includere qualcosa sulle persone dietro l'attività, tutto ciò che darà alle persone un'idea chiara di ciò che è tua attività e cosa rappresenta.

Infine, su molti canali puoi aggiungere una chiamata all'azione o anche nota come "Call to Action" (CTA) nel tuo profilo. Una chiamata all'azione è un modo per evidenziare ciò che desideri che le persone facciano dopo aver visto il tuo profilo. Un esempio tipico di chiamata all'azione potrebbe essere "Acquista ora" o "Scopri di più" o se stai curando un'attività nel settore della ristorazione, ad esempio, potrai aggiungere un pulsante alla pagina che dice "Ordina cibo".

A seconda del canale che scegli, vedrai che c'è più o meno enfasi su ciascuno di questi cinque elementi, ma scoprirai che mentre costruisci la tua presenza sui social media, ognuno di questi avrà importanza a un certo punto.

Dopo questa veloce panoramica su quelli che sono gli elementi essenziali e comuni per poter creare un tuo profilo sulle principali piattaforme social (Facebook, Instagram, Twitter, Linkedin e Youtube), ti invito a fare un piccolo esercizio:
scegli 3 account aziendali per ciascun canale social ed individua gli elementi principali della loro presenza aziendale (il loro nome, la foto del profilo, una descrizione nella biografia, le informazioni di contatto e una chiamata all'azione). Ti lascio qui di seguito uno schema che potrai compilare per mettere nero su bianco, che è un'aspetto fondamentale da cui partire per fissare gli obiettivi da raggiungere ed i giusti tempi in cui farlo, rispetto ai dati che avrai acquisito ed elaborato:

Account aziendale campione n.1

Facebook
Instagram
Youtube
Twitter
Linkedin

Account aziendale campione n. 2

Facebook
Instagram
Youtube
Twitter
Linkedin

Account aziendale campione n. 3

Facebook
Instagram
Youtube
Twitter
Linkedin

A questo punto non ti resta che iniziare a configurare il tuo account aziendale e sarai davvero pronto per fare marketing.
Prenditi il tempo per leggere, rileggere, approfondire e studiare gli argomenti che di seguito saranno trattati e tutte le esercitazioni pratiche che troverai all'interno perchè ora siamo arrivati alla parte più emozionante di ogni viaggio, ovvero quella parte in cui la vera storia inizia.

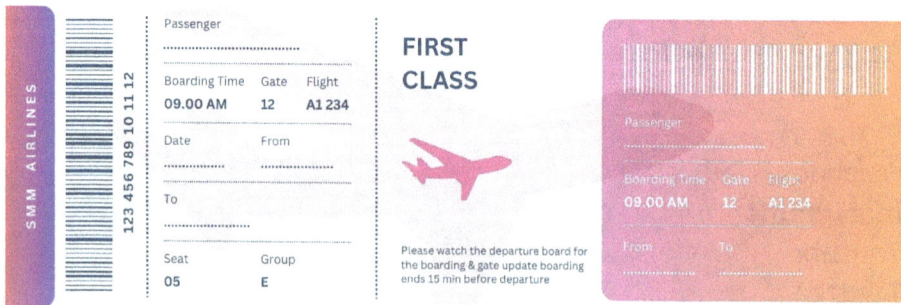

Compila il tuo biglietto! Solo tu sai da dove stai partendo e quando, ma soprattutto tu solo sai, quale sarà la tua destinazione.
Buona fortuna con il mio manuale e che il viaggio abbia inizio!

CAPITOLO 1
Definizione degli obiettivi di marketing sui social media

1.1 *Strategia di Brand Identity*

Durante i miei vari studi nei percorsi di formazione che ho fatto ma soprattutto nella formazione professionale che ho messo in campo per raggiungere il livello di competenze desiderato, ho usato una delle principali caratteristiche per essere un buon Social Media Manager (d'ora in avanti SMM), ovvero l'osservazione.

L'osservazione è fondamentale e rappresenta sempre e comunque il primo passo da compiere per avere un'idea iniziale di ciò che si deve fare. Per poter capire quali sono i veri trend del momento è fondamentale osservare il mondo che ci circonda, non guardare e basta ma osservare, ovvero rielaborare l'informazione visiva collocandola nella casella storico-sociale ed economica di riferimento.

Come dicevo, ho avuto modo di osservare minuziosamente i principali dettagli dietro il funzionamento delle piattaforme social principali quali Facebook ed Instagram, ma soprattutto come alcuni trend si sono sviluppati, portando dei contenuti a diventare virali ed indispensabili per milioni di seguaci. I social network rappresentano oggi davvero lo specchio della nostra società contemporanea, che hanno creato un vero e proprio nuovo modo di comunicare e di intendere i rapporti umani, rivoluzionando completamente la società. E' dunque fondamentale comprendere quali sono i passi cruciali che rendono i marketer di successo,

All'interno dei miei manuali troverai anche delle spiegazioni e delle esercitazioni pratiche che ti potranno essere davvero utili nella reale acquisizione di competenze che diventeranno spendibili nel mondo del lavoro.

Questi progetti sono un'opportunità d'oro per mettere in pratica ciò che imparerai o ciò che già conosci per creare un tuo portfolio e mostrare le tue competenze ai futuri datori di lavoro o ai tuoi futuri clienti.

Ti dico già in anticipo che potrai perfezionare le tue abilità nella creazione di contenuti e nel marketing sui social media, preparandoti per ruoli di livello base come social media marketer fino a poter diventare, approfondendo tutte le conoscenze, SSM a tutti gli effetti.

Al termine della lettura del manuale sarai in grado di spendere il tuo know-how, che credimi oggi è davvero il principale fattore che fa la differenza per un settore dove la tua capacità personale di comprendere le informazioni e gli stimoli che arrivano dall'esterno e saperli rielaborare per mettere in pratica una strategia di successo, possono essere la chiave di volta della tua intera vita lavorativa.

Non importa se vuoi lavorare per una squadra sportiva, uno studio cinematografico, un'azienda tecnologica di grandi dimensioni o per un fotografo locale, queste competenze sono importanti perché la padronanza dei social media è essenziale per ogni attività oggi.

Io ti sto offrendo una serie di strumenti che ti saranno di supporto, che diventeranno fondamentali in quella che potremmo chiamare "cassetta degli attrezzi" e di cui hai bisogno per metterti sulla buona strada, ma il tuo successo, ricorda, dipende sempre e solo da te.

Come abbiamo già accennato i social media sono un potente canale per le imprese per promuoversi e offrono opportunità di connessione con clienti esistenti e potenziali. Le imprese possono partecipare gratuitamente e fare parte di conversazioni ricche, ma per sfruttare al massimo questa opportunità è importante gestire attentamente la presenza aziendale sui social media.

Ciò significa creare ottimi contenuti, costruire e preservare il tuo brand, reagire e rispondere ai commenti e alle tendenze e sviluppare una comprensione di quali contenuti funzionano davvero per te. Se queste sono cose che ami imparare a fare, sei nel posto giusto!

Ecco quali sono i primi step che imparerai:

1) Come stabilire la presenza della tua azienda, creando una casa per la tua attività sui social media che contano per te;

2) Come creare un brand solido;

3) Ricerca di un target di riferimento;

4) Sviluppo di una strategia per i contenuti per i social media;.

5) Creazione di un calendario editoriale;

Il marketing sui social media riguarda tutto il processo di connessione con le persone attraverso il contenuto. Questo manuale è davvero al centro di ciò che il marketing sui social media rappresenta.

Lavorare nei social media è emozionante e dinamico e posso dirti che questo è un settore in continua crescita e dopo aver letto questo manuale non avrai alcuna difficoltà a trovare il tuo spazio nel mondo del lavoro.

Quando sentiamo parlare di marketing, di SSM la prima parola di cui sentiamo parlare è "strategia" ma ti sei mai chiesto perché avere una strategia di branding è così importante?

Prenditi un momento per riflettere e prima di leggere la mia risposta, prova a darne una tua personale. Inizia a stimolare la tua creatività e a capire quali sono le principali motivazioni che ti spingono a leggere questo testo.

Scrivi quali sono le motivazioni che ti hanno portato ad intraprendere questo viaggio, cosa ti ha portato fino a qui e fino a me.

_____

_____

Cerchiamo di definire cosa si intende per brand. Cosa ti viene in mente quando dico "Apple"? Cosa ti viene in mente quando dico "Coca-Cola" o "Nike" o "Shell"? Hai pensato ai prodotti che vendono o ai servizi che offrono? Hai pensato a un'esperienza che hai avuto con loro? Forse ti è venuto in mente un colore specifico, una pubblicità o un pezzo di advertising? O hai pensato a un certo tipo di persona? Se hai associato una combinazione di elementi, come un prodotto, un colore, un'esperienza o un'identità, a uno di questi brand, ti dico subito che hai già un'idea di cosa stiamo parlando. .

Ma è necessario dare una definizione ben precisa. Storicamente il concetto di branding ha origine con gli allevatori di bestiame. Incredibile vero? Gli allevatori ponevano o imprimevano sulle loro mandrie il proprio nome o un simbolo che ne rappresentasse la proprietà, in modo che fosse possibile distinguere il bestiame di un allevamento da quello di un altro. In seguito, questo metodo di distinguere il proprietario o il produttore di un determinato prodotto divenne particolarmente importante quando un agricoltore, un artigiano o un produttore desiderava che i suoi beni si distinguessero sugli scaffali dei negozi. Avrebbero apposto il proprio nome, la firma o un logo. Nel tempo, i consumatori imparavano a conoscere e a fidarsi dei prodotti di un determinato produttore rispetto a un altro.

Oggi consideriamo un brand molto più di un prodotto con un nome. Nell'esempio che ti ho fatto poco fa, con dei brand molto noti al pubblico a livello mondiale, avrai potuto osservare che ci sono diverse cose che possono venire in mente quando si pensa a un'azienda, ed è esattamente ciò che un brand rappresenta: una combinazione di elementi o attributi associati a un'azienda che costituiscono un'esperienza relativa a quella stessa azienda. Un brand può comprendere i prodotti o servizi che offre; può anche comprendere la sensazione che provi quando entri nel suo punto vendita o visiti il suo sito web. Un brand è anche il suo logo e i colori o le immagini che utilizza. Un brand è anche le parole che usa e la voce con cui comunica. Un brand sono anche le storie che racconta su ciò che fa. Un brand sono anche i principi o i valori a cui l'azienda aderisce. Un brand è anche la connessione che stabilisce e come fa sentire il consumatore in relazione ad esso.

David Ogilvy, considerato come il padre della pubblicità, ha definito un brand come:

> *"la somma immateriale degli attributi di un prodotto, come il nome, il packaging, il prezzo, la storia, la reputazione e il modo in cui viene pubblicizzato"*

In definitiva, creare un brand significa creare una personalità o un'identità che ti differenzi dai tuoi concorrenti sul mercato. Tuttavia, dobbiamo porci una domanda importante: un brand è interamente creato da chi lo progetta o è ciò che i consumatori percepiscono o pensano? Ti eri mai posto prima questa domanda? La risposta è un po' di entrambe.

In definitiva, un'azienda deve essere intenzionale nel brand che desidera creare, dalla storia che racconta su come è iniziata, alla palette di colori che utilizza, alla sua voce sui social media, fino al pubblico con cui desidera interagire. Tuttavia, i clienti formeranno in ogni caso le proprie percezioni e giudizi dopo aver interagito con esso. Abbiamo tutti provato nuovi ristoranti e probabilmente ne hai frequentato uno in cui, appena entrato, hai capito che aveva personalità. L'arredamento è stato scelto con cura, i piatti sono creazioni uniche dello chef, il menù ha una tipografia specifica e hai semplicemente pensato che il posto avesse un'atmosfera interessante.

Questo è un esempio di branding intenzionale. Confronta questo con un ristorante il cui arredamento è anonimo, l'arte è generica, il cui menù sembra essere stato progettato utilizzando un modello e i cui piatti potresti trovare altrove. Questo è un luogo che non ha dato molta importanza al branding e, a causa di ciò, non creerà molta connessione con i suoi clienti.

Ma il branding è anche creato dai clienti di un'azienda. Nell'esempio del ristorante potrebbe voler attirare un tipo specifico di pubblico, quindi la strategia ha come obiettivo quello di soddisfare una certa demografia o un certo target. Se quei clienti apprezzano il cibo e l'atmosfera, parleranno dell'esperienza ai loro amici e lo condivideranno sui social media. Potrebbero diventare clienti abituali e identificarsi con il brand. D'altra parte, il secondo brand non ha una chiara identità e potrebbe non attirare la demografia giusta che spera. I clienti potrebbero non gradire l'atmosfera o il cibo e lo condivideranno sui social media, creando così una percezione negativa del brand, che colmerà il vuoto di branding che il ristorante ha lasciato. Puoi vedere questo tipo di creazione del brand anche con aziende più mainstream come Coca-Cola, Nike e Apple, che hanno tutte fatto un lavoro eccellente nel creare l'aspetto, l'esperienza e l'identità specifici dei loro brand. I clienti vengono quindi attratti dalla storia e dalla cultura del brand e desiderano far parte dell'identità di quel brand. L'obiettivo finale di un brand non è solo quello di far acquistare i propri prodotti ai consumatori, ma di farli identificare con il brand stesso.

Ora che insieme abbiamo compreso l'importanza fondamentale di come un brand può connettersi con i consumatori, esploriamo perché dovresti essere intenzionale nella creazione del brand. Noi, come consumatori, potremmo pensare di acquistare un prodotto basando esclusivamente la nostra scelta sul suo sapore o sulle sue funzioni, ma in realtà c'è molto di più in gioco ad un livello esperienziale più profondo di quanto puoi pensare.

Vediamo alcune delle ragioni per cui dovresti avere un brand, perché dovresti essere consapevole di ciò che il tuo brand comunica e perché dovresti essere intenzionale nella creazione del tuo brand.

Un brand ispira fiducia, in particolare se tendono ad avere una storia associata a loro, con storie, prodotti ed esperienze consolidate e coerenti. I clienti che hanno avuto esperienze positive con il prodotto o l'azienda tendono a fidarsi di esso e lo considerano affidabile. Ad esempio, non penseresti necessariamente di fidarti di un condimento, ma il Ketchup "Heinz", fondato nel 1876 e soprannominato il ketchup preferito d'America, è un brand di fiducia grazie alla sua alta qualità, coerenza e al suo fascino culturale su come far uscire il ketchup dalla bottiglia.

Un brand crea connessioni con i veri credenti. Comunica e attira clienti che condividono le stesse convinzioni.

Se con questo "saporito" esempio non ti ho convinto, te ne servo subito un altro: Tom's Footwear. Il fondatore Blake Mycoskie si innamorò di un particolare modello di scarpa durante un viaggio in Argentina, ma scoprì anche che molti bambini là non indossavano scarpe. Così fondò Toms, che dona un paio di scarpe per ogni paio acquistato. Coloro che desiderano acquistare calzature e allo stesso tempo connettersi a una storia più grande saranno attratti da Toms. Un brand può aiutare i consumatori a riconoscere il tuo prodotto, proprio come gli allevatori di bestiame marchiavano il loro bestiame per poterlo riconoscere come parte della loro fattoria. Legando l'acquisto di un prodotto per noi indispensabile e scontato ad un'emozione senza eguali come quello di donarne un paio a chi non può permettersi di acquistarlo, senza doverne sopportare il costo (almeno in apparenza).

I brand sono un segnale per i consumatori su cosa aspettarsi dal prodotto e a chi appartiene. Un buon brand è facilmente riconoscibile, come nel caso di "Disney", uno dei brand più riconoscibili al mondo. Il brand "Disney" si è diffuso così tanto nella cultura che se vedi tre cerchi neri interconnessi, probabilmente pensi a Topolino. "Disney" non ha costruito il suo brand solo attraverso la narrazione, ma anche attraverso prodotti ed esperienze. Ma il riconoscimento del brand non aiuta solo i grandi attori, può essere semplicemente sapere che una seconda sede del tuo caffè preferito avrà la stessa qualità, atmosfera, prodotti e servizi del primo. I brand creano anche facilità di scelta per un consumatore che ha avuto interazioni positive con quel brand in precedenza. Potresti sempre acquistare il ketchup Heinz perché è un brand di fiducia o potresti sempre acquistare prodotti di Seventh Generation perché credi nella sostenibilità, oppure potresti sempre ordinare da una catena di pizzerie locali perché ci sei cresciuto e hai un legame affettivo con essa.

Abbiamo inevitabilmente ricordi affettuosi associati al brand come quando vogliamo prendere un caffè e ci rechiamo automaticamente nel bar che frequentiamo sempre, anche se potrebbero essercene altri sulla strada. Il branding beneficia sia dell'azienda che del consumatore, eliminando l'incertezza nella scelta di un prodotto dal lato del consumatore e consolidando un cliente fedele per l'azienda. I brand comunicano determinati valori e possono rappresentare uno stile di vita specifico. I consumatori possono identificarsi con quei valori e stile di vita, o possono aspirare a possederli.

In altre parole, i consumatori possono desiderare di assomigliare alle persone che tipicamente utilizzerebbero quel brand. I consumatori possono acquistare il brand perché vogliono segnalare di avere quei valori o quello stile di vita che il brand rappresenta. Le persone possono acquistare prodotti di un brand simbolo di status, come indossare un "Rolex" o guidare una "Lexus", oppure possono acquistare prodotti "Under Armour" perché credono che indossare questi prodotti possa renderli atleti migliori. Un brand può suscitare il desiderio di dire:

"Hey, mi piacerebbe essere come loro"

Il brand può aiutarti a comunicarlo al mondo esterno.

Creare un brand può favorire la fedeltà, al punto che i tuoi clienti ti seguiranno con entusiasmo verso nuovi prodotti e innovazioni. Un esempio è l'azienda brasiliana di occhiali da sole "Chili Beans", una delle aziende di occhiali da sole più di successo in America Latina. "Chili Beans" non vende solo lo stesso prodotto anno dopo anno, ma pubblica nuovi modelli di occhiali da sole ogni settimana. Non solo i loro clienti aspettano con impazienza i nuovi modelli e li acquistano quando vengono rilasciati, ma l'azienda sa di avere una base di clienti fedeli che seguiranno ogni sua innovazione.

Ora ti dirò qualcosa di molto interessante: i clienti fedeli a un brand possono essere meno sensibili al prezzo. Come faccio ad affermarlo?

Basti vedere la reazione dei consumatori al lancio di nuovi prodotti "Apple" a prezzi elevati, ma anche con Starbucks, dove un po' di latte montato e alcuni shot di caffè possono costare fino a cinque dollari. Ma gli esempi potrebbero essere infiniti.

I clienti fedeli ad un brand sono disposti a pagare tanto per un prodotto se percepiscono di ottenerne un valore, e ciò vuol dire che la strategia di branding è decisamente quella più giusta per convincerli. Ciò significa che saranno sempre disposti a pagare un premio in più per ottenere un valore maggiore.

Un ultimo aspetto, ma non per importanza è quello di considerare che avere un brand forte rappresenta un vantaggio per tutto il team di marketing interno, poiché tutte le decisioni relative alla comunicazione sui social media, al sito web, all'esperienza in negozio, al modo in cui interagiscono con i clienti e persino all'imballaggio dei nuovi prodotti sono filtrate attraverso il quadro del branding. Diventa molto facile decidere se qualcosa, sia esso un'iniziativa commerciale importante o un semplice tweet, è in linea con il brand.

1.2 Elementi di un brand

Ora sai cos'è un brand e perché ne hai bisogno.

Abbiamo affrontato i principali vantaggi di avere un brand forte e continuando a studiare con me vedrai come avere un brand forte su cui fare affidamento beneficia soprattutto nel marketing sui social media. Dato l'importanza dei brand, vediamo cosa si cela dietro la creazione di un brand forte e come puoi contribuire a costruirne uno.

Ora conosciamo gli elementi che compongono un brand, tra cui storie specifiche, colori, voce e tutti i vantaggi ad esso legati.

Si, tutto fantastico starai pensando in questo momento, ma come lo credo questo brand?

Proseguiamo ora il nostro viaggio proprio nella spiegazione di un framework che può aiutare un'azienda a creare il suo brand unico. Avere questo framework ti aiuterà a sviluppare o comprendere il brand ma soprattutto vedrai quanto esso potrà rivelarsi utile mentre inizi a creare contenuti per rappresentare il tuo brand sui social media. Ci sono quattro aree in cui un'azienda può costruire il suo brand unico:

- ❖ esistenza;
- ❖ scopo;
- ❖ identità;
- ❖ connessione.

Insieme, formano il framework EPIC. Questo framework è stato sviluppato dagli esperti di brand di Facebook, che lo utilizzano per aiutare i propri clienti a sviluppare brand forti e prepararli per la loro presenza sui social media. L'esistenza di un'azienda riguarda come è nata e perché il mondo dovrebbe prestare attenzione ad essa. Questo include la storia delle origini dell'azienda e quale problema i fondatori cercano di risolvere. Lo scopo di un'azienda non riguarda solo ciò che fa, ma il perché lo fa, compresa l'articolazione di un insieme di valori per l'azienda. L'identità dell'azienda riguarda l'aspetto visivo, dal logo alle palette di colori, dalle immagini pubblicate sui social media alla tipografia scelta. Infine, la connessione riguarda il modo in cui un brand si collega ai suoi clienti attraverso la parola scritta, compresa la scelta della giusta voce per l'azienda.

Sicuramente uno dei primi step che dovrai considerare è quello della fase della raccolta delle informazioni e feedback da parte dell'azienda, per capire quali sfide stanno affrontando e quali opportunità abbiamo di fronte per aiutarle a crescere. Dopo questa fase di esplorazione, potrai passare alla sperimentazione, costruendo una bozza di soluzione e conducendo esperimenti con le imprese per vedere se può aiutarle a raggiungere i loro obiettivi. Ti consiglio sempre di usare quelli che sono i principi base del metodo sperimentale così sarai certamente in grado di raccogliere il maggior numero possibile di feedback per ottimizzare la soluzione che stiamo creando.

Una volta sviluppata in modo soddisfacente, l'ultima fase è il rilascio, che significa portare la soluzione che potrà essere finalmente la svolta per l'azienda. Credo fermamente che questi quattro pilastri siano ciò che ogni azienda o brand dovrebbe seguire per costruire un brand forte e portarlo alla vita attraverso il mondo digitale. C'è però un concetto che devi tenere sempre in mente, ovvero che deve è sempre presente un valore di brand nel motivo per cui un'azienda è stata creata, non solo quando e dove è stata creata, ma anche quale problema l'azienda cercava di risolvere e chi sono le persone che l'hanno creata. I consumatori di oggi vogliono connettersi alla storia dietro l'azienda, e puoi farlo raccontando la tua storia di origine.

Per poter realizzare una storia di origine è semplicemente un resoconto di come un'azienda è nata ma per scrivere una grande storia di origine, essa deve includere alcuni elementi chiave:

- ❖ Elementi coinvolti;
- ❖ Problema da risolvere.

Ti faccio un piccolo esempio dal quale puoi partire per capire come deve essere una storia di successo.

La storia originale di "Intelligentsia Coffee" si sviluppa nel seguente modo: La storia inizia nel 1995, quando Doug e Emily Munch volevano semplicemente del caffè appena tostato. Dopo essersi trasferiti da San Francisco a Chicago, hanno scoperto che trovare un buon caffè nella loro nuova città era sorprendentemente difficile. Ma invece di lamentarsi o, peggio ancora, accontentarsi di un caffè scadente, si sono impegnati a fondo e hanno scritto il piano aziendale originale, che sarebbe diventato "Intelligentsia Coffee".

Esaminiamo alcuni elementi di questa storia di origine. Prima di tutto, i fondatori Doug ed Emily sono nominati, quindi immediatamente abbiamo un legame con persone reali. In secondo luogo, Doug ed Emily hanno incontrato il problema di non riuscire a trovare un buon caffè a Chicago. In terzo luogo, invece di accontentarsi, hanno deciso di risolvere il problema creando Intelligentsia. Potresti dire che è bello e interessante conoscere la loro storia, ma come aiuta a creare un brand?

Perché raccontare storie ha la capacità di creare connessioni in modo che i semplici fatti non possono. Se un'azienda sa raccontare storie nel modo giusto, ha un enorme vantaggio sulla concorrenza, perché noi esseri umani siamo predisposti per le storie. Amiamo ascoltare storie, amiamo raccontare storie, usiamo le storie per intrattenimento o per insegnare, e ci leghiamo emotivamente alle storie. In effetti, studi dimostrano che più aree del nostro cervello si attivano quando ascoltiamo una storia rispetto a quando ascoltiamo semplicemente informazioni, e che quando ascoltiamo storie il nostro cervello rilascia determinate sostanze chimiche responsabili di empatia e connessione. Raccontando una storia, non solo hai gli strumenti per creare una connessione con il tuo cliente, ma il tuo cliente può vedersi riflessa nella tua storia. Ci sono potenti elementi del "ci sono passato anch'io" che la storia di origine può presentare, e quella connessione può essere solidificata associando persone reali all'azienda, anziché utilizzare un enigmatico "noi" o, peggio ancora, un impersonale "l'azienda". Raccontando una storia, il cliente si unisce a te nel percorso.

Vuoi ancora un altro esempio?

"FlowPower", un'attività di fiori specializzata in bouquet artigianali, fondata da Anna. Immagina che Anna ti abbia assunto per definire il suo brand e creare contenuti per il suo sito web e la presenza sui social media. Partendo dal primo elemento del nostro framework, l'esistenza, mettiamo insieme una storia di origine. Vogliamo concentrarci su tre cose: chi ha lanciato l'azienda e quando, quale problema si stava cercando di risolvere e come l'azienda lo ha fatto.

Dopo aver parlato con Anna e aver scoperto un po' della sua storia e del perché ha creato l'azienda. Ora proviamo insieme ad elaborare la storia.

Anna ha sempre amato i fiori e da bambina li raccoglieva durante le escursioni con i suoi genitori e li intrecciava per creare coroncine. Ma dopo essersi laureata in design presso l'accademia d'arte, si sentiva emotivamente delusa nel vedere sempre gli stessi bouquet banali senza alcuna passione artistica o design unico. Così, nel 2010, Anna ha aperto il suo negozio di fiori chiamato

"FlowPower" per offrire bouquet unici, realizzati artigianalmente e con un design innovativo, che sapeva poter portare gioia e ispirazione alle persone intorno a lei. Dopo poco tempo, il negozio di Anna è diventato così popolare che ha ampliato la sua presenza online, dove i clienti possono ordinare i suoi bouquet digitalmente e abbonarsi alle consegne regolari di fiori. Anche se il suo negozio fisico esiste ancora, Anna lo utilizza per sperimentare nuove idee, ma la maggior parte delle sue vendite proviene dal suo sito web.

E cosa significa "Flowpower"? Il nome è una combinazione di due parole, una rappresenta i fiori stessi e l'altra il potere che questi ultimi hanno di creare emozioni.

Bene, ora conosci l'importanza di una storia di origine, e sono certa che ne inizierai a notare sempre di più su siti web, pubblicità e sui social media.

Ti invito a riflettere su quelle che ti colpiscono di più e chiediti il motivo. La storia di origine è un modo per i brand di connettersi con i clienti.

Esercizio n. 1

Rispondi alle seguenti domande guida per capire come creare un brand di successo:

1) Chi sono?

2) Su quali emozioni del consumatore posso fare leva?

3) Come posso trasmettere queste emozioni attraverso la mia

storia?

CAPITOLO 2
Identificazione della motivazione

2.1 Il motivo

Il nostro viaggio prosegue, a vele spedite, continuiamo ad analizzare quelli che sono gli aspetti chiave che ti aiuteranno nel tuo percorso per diventare un SSM.

Le domande a cui dare una risposta, come hai potuto già constatare fino ad ora, sono davvero moltissime e anzi, ti dirò di più, credo che non si esauriranno mai.

Un vero SSM vive con un pozzo infinito di domande nella mente.

Ma, hey, tranquillo ci sono qui io per dare una risposta a tutte queste domande, per cui bando alle ciance e proseguiamo.

Focalizziamo l'attenzione ora su un aspetto fondamentale, direi imprescindibile: la motivazione.

Nel 2009, l'autore Simon Sinek ha tenuto un TED Talk affrontando questo concetto e sottolineando che non acquistiamo ciò che un'azienda fa, ma il motivo per cui lo fa. Ha utilizzato l'esempio delle aziende informatiche che tendono a iniziare spiegando ciò che fanno: "Facciamo computer" e poi illustrano il "come" dei loro computer, dicendo: "Facciamo computer semplici ed attraenti". La maggior parte delle aziende non esprime un "why" o un o un "purpose" e si aspetta di fare vendite solo basandosi su "cosa" e "come". Sinek ha spiegato che "Apple" fa il contrario. Apple inizia dal suo "purpose" di pensare in modo diverso e poi passa al "come" pensiamo, creiamo e vendiamo prodotti innovativi.

In modo diverso, creando prodotti splendidamente progettati. Infine, concludono con un "cosa" che succede a caso. Se un consumatore si è già connesso al loro scopo di pensare diversamente, acquisterà il computer e qualsiasi altro prodotto che Apple potrebbe produrre. Dichiarando chiaramente lo scopo, i valori e ciò che rappresenti con il tuo business, non solo ti stai connettendo ulteriormente con il tuo pubblico, ma stai anche definendo ulteriormente il tuo pubblico, le persone che si allineano alla tua visione.

Ti fornisco ancora un altro esempio ovvero "Panera Bread", il cui sito web ha una sezione chiamata "I nostri valori" che dichiara che credono nell'allevare, servire e consumare cibo che sia buono e salutare. Grazie a questo, Panera può prendere decisioni sugli elementi del loro business, dalle ricette ai fornitori, basandosi sul loro scopo, e i clienti che desiderano mangiare cibi puliti e provenienti da fonti salutari saranno attratti da Panera.

Ora ti starai domandando, ma può un'azienda effettivamente esprimere uno scopo? Ebbene, la risposta è si! Ci sono diversi modi a dire il vero. Molte aziende usano il prompt "crediamo che...".

Se stai cercando di creare uno scopo per un brand, prova ad annotare alcune frasi per completare "crediamo che...". Fai una sessione di brainstorming su parole chiave legate a idee o argomenti che ti interessano, nel caso della "Panera" come: alimentazione sana, benessere o design di qualità.

Un altro modo per esprimere uno scopo per la tua azienda è dichiarare cosa il tuo brand non è e cosa non rappresenta, il che può aiutarti a chiarire ciò per cui invece stai lottando. Torniamo per un momento all'esempio di Anna e alla sua attività di fiori. Vogliamo aiutarla a chiarire qual è il suo scopo, quindi abbiamo creato dei modelli appositamente per questo.

Innanzitutto, partiamo con alcune informazioni di base su "FlowPower": è un'attività di fiori che offre abbonamenti e bouquet di fiori. Poi chiediamo cosa l'azienda apprezza o di cosa gode. Potrebbe sembrare una domanda strana, ma questo ci porta non solo a ciò che piace a un brand come personalità, ma spiega un po' di più della visione della cultura del brand e può ispirare post sui social media o il design del sito web. In questo caso possiamo dire che "FlowPower" apprezza i campi aperti dell'estate e le gite in bicicletta in città. Puoi immaginare un post su Instagram con una corsa in bicicletta per la città, in cui un bouquet di "FlowPower" è in evidenza nel cestino della bicicletta. Infine, chiediamo a Anna a cosa tiene e cosa le importa per "FlowPower": bellezza, sostenibilità, cordialità, accessibilità e creatività. Ora possiamo prendere decisioni di branding per "FlowPower" attraverso questa prospettiva. Le immagini scelte per il brand si concentreranno sulla bellezza e l'estetica, i fiori e l'imballaggio saranno scelti in base a opzioni sostenibili, il tono di voce dell'azienda sarà cordiale e accessibile e ci sarà una sottostante sensazione di creatività e innovazione nel design dei prodotti offerti e nella loro presenza online. I clienti attratti dal design creativo, che potrebbero godersi gite in bicicletta in città o che comprano solo da aziende sostenibili, saranno attratti da "FlowPower".

Bene, Ora che sai come le aziende esprimono il loro scopo e come possono utilizzare tale scopo per connettersi con i clienti, lo noterai ovunque, sezioni di valori o credenze su un sito web, una newsletter che collega a un articolo su questioni sociali o un tipo di pubblicità che ha un senso di scopo più elevato. Lo scopo è il secondo pilastro su cui fondare una strategia di successo ed è fondamentale per la costruzione di un brand forte. Tieni sempre in mente che i brand forti ti danno un vero vantaggio quando stai costruendo una presenza sui social media.

2.2 Il logo

Ma cosa identifica agli occhi del consumatore un brand?

Quanti altri loghi indossiamo su una maglietta o un cappello, tendiamo a personalizzare con un logo quasi ogni oggetto che possediamo, come se il logo che la manifestazione visiva e dunque tangibile per la nostra corteccia cerebrale delle emozioni che proviamo ad indossare o acquistare o desiderare un prodotto di un determinato brand. Insomma, il logo rappresenta l'universo emotivo che ci lega a quel prodotto.

Questo dimostra il potere dei brand nel diventare un'identità e una cultura per i consumatori. Un logo cattura l'essenza del brand in un'immagine. Non entriamo ora nei dettagli di come viene creato un logo o di quali piattaforme o programmi o software possono essere usati in quanto lascio la parola agli esperti di graphic designer, ma la creazione di un logo combina tutti gli elementi che abbiamo esaminato: la storia di origine, la risoluzione dei problemi, lo scopo, i valori e le parole chiave associate al brand, utilizzando questi elementi più profondi per informare il design. Un logo deve anche comunicare altri aspetti del brand, come innovazione, tradizione e fantasia. Infine, che sarebbe un logo o un brand senza il suo colore distintivo? Probabilmente riconosceresti immediatamente la caratteristica tonalità verde di Starbucks, o il blu di Facebook, o l'etichetta rossa di Coca-Cola. Ma cosa succederebbe se Coca-Cola avesse un'etichetta gialla? Non sarebbe più Coca-Cola, e non assoceresti Coca-Cola al colore giallo. E se Coca-Cola avesse un'etichetta blu, allora la potresti confondere con Pepsi. La creazione di una tavolozza di colori per il tuo brand non riguarda solo il renderlo riconoscibile per i tuoi clienti e differenziarlo dagli altri prodotti, ma c'è molta psicologia dietro la scelta del colore e della tavolozza, e questa può anche impostare il tono del tuo brand.

In psicologia ogni colore è associato ad un'emozione (questo ricorda molto i "Sei cappelli per pensare" di E. De Bono), proprio nell'ambito dell'intelligenza emotiva ma soprattutto nello sviluppo del pensiero divergente. Il rosso rappresenta l'eccitazione, il blu la fiducia, l'arancione il divertimento, il marrone la naturalezza e il nero il prestigio. Non è necessario che ci siano motivazioni profonde dietro le scelte dei colori per il tuo brand: scegli semplicemente una tavolozza che si adatti alla tua attività e utilizzala per influenzare il design del sito, la pubblicità, l'imballaggio e altro ancora.

Un altro aspetto della creazione dell'identità visiva di un brand è l'immagine, che può includere i tipi di foto, immagini o illustrazioni che un brand utilizza sul suo sito web o nei feed dei social media. Questo non solo evoca un certo sentimento, ma crea una sorta di ecosistema per quel brand. Ad esempio, "Airbnb", l'azienda che mette in contatto inquilini e ospiti, mostra bellissime fotografie di luoghi sul suo feed dei social media, invece di pubblicizzare tariffe di affitto economiche. Mettono in evidenza la bellezza e l'unicità dei luoghi in tutto il mondo, che poi ti ispirano a prenotare un viaggio attraverso di loro. Infine, la tipografia, ovvero la selezione di caratteri e font che un'azienda sceglie, aiuta a comunicare il brand visivo. Come un logo, il carattere tipografico cerca di catturare il sentimento e l'associazione del brand attraverso la scrittura.

Mentre un'azienda può certamente scegliere un font dalla lista a discesa, chi vuole essere intenzionale riguardo al suo brand sceglierà il suo carattere tipografico tenendo conto della sua storia, dei suoi valori e del suo scopo. In molti modi, il carattere tipografico di un brand sarà riconoscibile quanto il suo logo. Un esempio lampante è quello del "New York Times" oppure il "New Yorker", entrambi sono rispettati giornali di lunga data con sede a New York. Il "New York Times" utilizza caratteri classici e diretti nel suo testo e nel suo logo, che presenta ancora il suo originale carattere gotico nero, adatto al brand del "New York Times" come affidabile fornitore di notizie obiettive nella reale percezione del lettore.

Il carattere tipografico del "New Yorker", invece, è curvo, ogni lettera ha una dimensione diversa ed è artistico e fantasioso, come i contenuti della testata. Torniamo, per un momento, a "FlowPower" e aiutiamo Anna a creare un'identità visiva per la sua attività. La buona notizia è che abbiamo già fatto molto lavoro per aiutarci a stabilire un'identità visiva, scrivendo la sua storia di origine e articolando i valori della sua attività. Prima di tutto, creiamo un logo che rappresenti i bouquet che Anna realizza su richiesta. La scrittura del nome della sua attività è curva e creativa, comunicando un tipo di cordialità e accessibilità. Alcune delle parole chiave menzionate riguardo allo scopo del brand saranno prese in considerazione. Poiché si tratta di un negozio di fiori, avrebbe senso scegliere una tavolozza di colori legata ai fiori o alla natura. Abbiamo scelto tonalità di verde e turchese morbide, che comunicano calma, serenità e affidabilità, ma suggeriscono anche il valore di sostenibilità del brand. Infine, possiamo selezionare alcune immagini che useremo come riferimento per i nostri feed sui social media e per il design del sito web. Alcune immagini mostrano le creazioni floreali di Anna, mettendo in evidenza i suoi prodotti e il design unico.

Un bouquet che mostra la natura artigianale del marchio come l'immagine finale, è in questo caso un bouquet che viene donato, il che comunica il legame intrinseco creato dal regalo dei fiori.

Dopo questa infarinatura, sei pronto per utilizzare questa identità visiva per influenzare il design, il branding, il marketing e persino le scelte quotidiane di business.

Leggendo questi ultimi paragrafi sono certa che probabilmente ti sono venuti in mente altri brand di cui hai pensato ai loghi, alle tavolozze di colori, alle immagini e forse persino alla tipografia delle aziende con cui interagisci quotidianamente. Continua a prendere nota del branding visivo per guidare le tue future scelte di branding.

L'identità di un brand è importante, è così che le persone riconoscono e ricordano i brand, quindi assicurati di rifletterci su, documentare l'identità del tuo brand e poi sii coerente e mantieni le tue scelte.

Esercizio n.2
Scrivi almeno tre brand, oltre quelli di cui ti ho parlato io e descrivine le emozioni che ti suscitano e le principali caratteristiche della loro identità visiva.

Brand n.1:

Brand n.2:

Brand n.3:

E' doveroso a questo punto dedicare uno specchietto a quella che è la psicologia del colore. Si perchè prima di una scelta istintiva, guidata da quello che ci attrae di più, rispetto alle scelte che riguardano il logo, è necessario comprendere che dietro ad una scelta c'è uno studio, di una materia che usa il metodo scientifico per spiegare il perché di alcune reazioni alla vista di un colore.

Preparati dunque a vedere i colori come mai prima!

Il nostro obiettivo è quello di creare visual sbalorditive per stupire il tuo pubblico reale e digitale.

La prima domanda che dobbiamo porci è, qual è il modo semplice per attirare l'attenzione del pubblico?

Possiamo provare a dare risposte diverse e prima di procedere con la lettura, come è mio solito fare ti invito a formulare una tua risposta personale.

A questo punto prenditi un momento e torna indietro nel tempo, all'infanzia. Immagina quando giocavi a nascondino con i tuoi amici, mangiando ghiaccioli.

Sembra un bellissimo ricordo, anzi lo è sicuramente ma non è solo quello. In realtà stiamo iniziando a formare le nostre prime associazioni con il colore.

Pensaci, il tuo colore preferito probabilmente deriva da esperienze positive con quel singolo colore quando eri piccolo. Ma crescendo, probabilmente hai imparato cosa rappresentano i colori: il blu rappresenta l'intelligenza, il verde è associato alla natura e il giallo indica la felicità. Ma il significato del colore non si ferma qui, c'è molto altro da imparare nel campo della psicologia del colore.

Sei nel posto giusto per iniziare!

Bene, cominciamo con una rapida panoramica.

Sai nominare i tre colori primari? Stai pensando giallo, blu e rosso, forse?

In tal caso, meriti quel ghiacciolo. Ma perché questi sono i tre colori primari?

Perché sono gli unici colori che non possono essere creati mescolando altri due colori insieme.

A questo punto ti starai chiedendo però cosa succede quando

questi colori si combinano tra loro?

I colori secondari si creano dalla combinazione di due colori primari e se vuoi vivere la vita in modo audace, combinerai un colore primario con un colore secondario, creando un colore terziario.

Ora prendi tutti i colori primari, secondari e terziari e li combini tutti insieme, otterrai quello che si chiama una ruota dei colori.

Ogni colore immaginabile è disponibile nella ruota dei colori quando modifichi i tuoi progetti. Il selettore di colore è praticamente identico alla ruota dei colori e ti permette di trovare il colore perfetto per i tuoi progetti. Le sfumature di colore sono importanti nel marketing visivo perché trasmettono la personalità del tuo brand. La scelta delle giuste sfumature di colore può migliorare o compromettere il messaggio complessivo. Quindi diamo un'occhiata alle diverse sfumature e a come differiscono. I colori puri o toni, sono colori che non sono influenzati da sfumature o gradazioni. Non hanno alcuna luminosità aggiunta o oscurità. Sono il colore originale che si vede ai bordi esterni di queste ruote dei colori. E come ho detto, un modo per modificare un colore puro è aggiungere sfumature, che avviene quando si aggiunge il bianco a quel colore originale, rendendo le cose più luminose. D'altra parte, le sfumature sono ottenute aggiungendo il grigio all'originale, causando un aspetto più scuro. Una variazione di queste due sfumature sarebbe aggiungere il grigio ai colori puri. Queste sono chiamate tonalità e possono creare milioni di colori diversi. Il modo più semplice per regolare ciascuna di queste tre sfumature del colore è regolare la saturazione del colore. Un colore puro ha una saturazione normale, ma può essere desaturato con bianco, grigio o nero per creare un colore completamente nuovo. È qui che diventa cruciale l'abbinamento dei colori. Alcune saturazioni del blu si abbinano bene con il giallo, mentre alcuni blu dovresti evitarli.

Vediamo a questo punto come i colori possono lavorare insieme per formare una combinazione di colori. Queste si chiamano armonie dei colori e le possibilità sono infinite. Ho qualche riferimento di cultura pop per aiutarti. Sai che la ruota dei colori è suddivisa tra colori caldi e freddi? Guardando questa immagine qui, puoi vedere come rosso, giallo e arancione si trovino su un lato della ruota dei colori, rendendoli caldi, mentre blu, verde e viola si trovano dall'altro lato, rendendoli freddi. Parlando di psicologia del colore, i colori caldi e freddi rappresentano emozioni diverse.

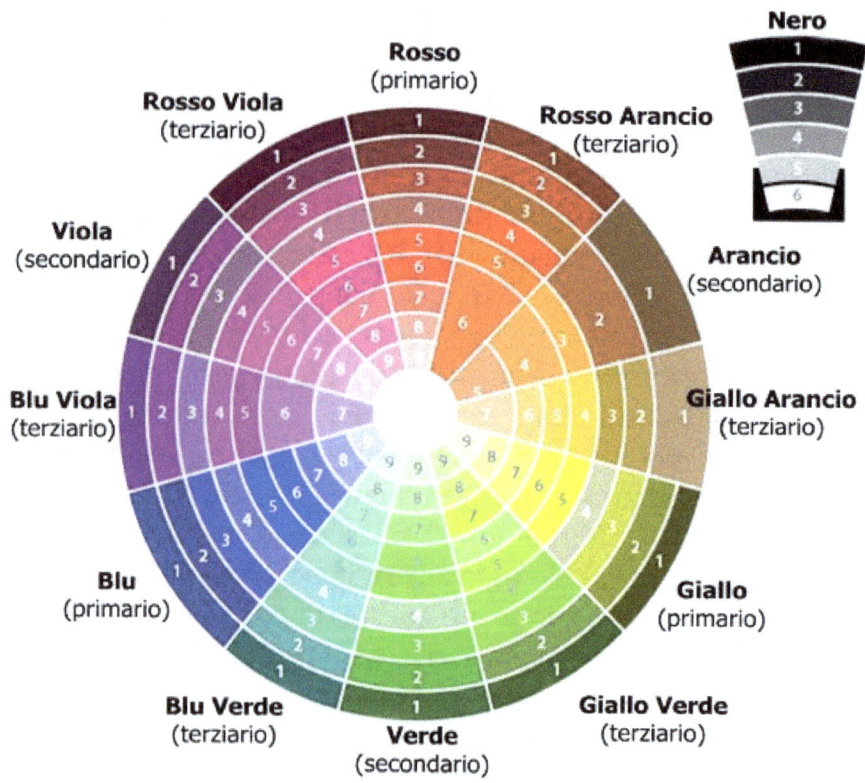

Con i colori caldi, pensiamo alle giornate estive calde, mentre i colori freddi ci ricordano i mesi più freddi o anche solo un cielo azzurro sereno. Un buon modo per pensare ai colori caldi e freddi è nell'interior design. I colori caldi in una stanza la rendono accogliente e confortevole, mentre i colori freddi danno una sensazione di pulizia e possono far sembrare una stanza più grande. La giusta combinazione di colori caldi e freddi farà risaltare una stanza o un design. E se stai utilizzando principalmente colori freddi, aggiungi un tocco di calore per sottolineare qualcosa che ritieni importante.

I colori complementari sono gli opposti diretti l'uno dell'altro sulla ruota dei colori, ma come ben sappiamo, gli opposti si attraggono. Spesso vedrai colori complementari abbinati insieme, come il giallo e il viola, il rosso e il verde o un azzurro più chiaro con un rosso forte, come puoi vedere in questo esempio nel poster di Blade Runner 2049.

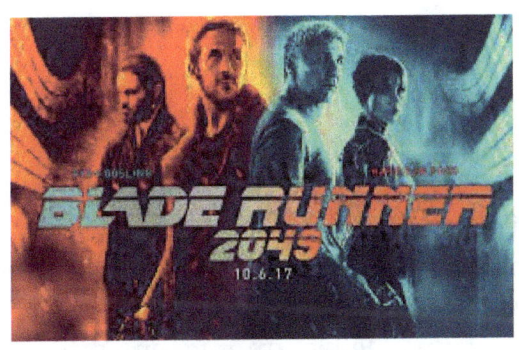

C'è una cosa da ricordare quando si utilizzano due colori complementari: evita di utilizzare il 50% di un colore e il 50% dell'altro, perché ciò può rendere difficile guardare l'immagine. Fai in modo che un colore sia dominante mentre l'altro lo completa. Cerca uno split dell'80% per un colore e del 20% per gli altri due. Gli schemi analogici sono quei colori che sono adiacenti l'uno all'altro sulla ruota dei colori. Gli schemi analogici forniscono una sensazione di calma e armonia senza troppa eccitazione. Pensa alla natura e a come le foglie cambiano gradualmente nel tempo, una transizione calma. Vuoi utilizzare tre colori quando utilizzi questo schema, con un colore dominante e gli altri due utilizzati come accenti. Uno schema monocromatico prende un solo colore e utilizza colori di diverse tonalità, sfumature e sfumature. Se stai cercando un design di marketing, ti consiglio di utilizzare armonie di colore con maggiore contrasto. I colori triadici sono un insieme di tre colori presi in un triangolo equilatero sulla ruota dei colori. Con uno schema di colore triadico, hai garantiti due colori caldi e uno freddo o due colori freddi e uno caldo. Ciò significa anche che avrai tre colori primari, tre colori secondari o tre colori terziari. Tieni presente che se utilizzi tre colori secondari o terziari, la tua immagine potrebbe sembrare scura e confusa. I colori primari forniscono più vivacità e vita, quindi ti consiglio di attenerti a quella combinazione triadica di colori primari per le tue grafiche digitali.

Passando alla combinazione complementare divisa, ha anche tre colori e inizia come l'armonia complementare prima di dividersi in due colori direttamente opposti. È molto più facile da capire guardando la ruota dei colori. Questi schemi sono generalmente attraenti per gli spettatori, ma ricorda di avere solo un colore dominante con gli altri due colori divisi che lo completano.

Solo un paio di cose ancora.

Le due armonie "tragiche" prendono due gruppi di colori complementari e li combinano tutti insieme in un'unica grafica. Questa è una delle armonie più difficili da realizzare correttamente, ma quando viene fatto bene con sfumature, tonalità e sfumature, può essere affascinante. Se è quello che stai cercando, assicurati di fare molte prove per trovare un equilibrio tra tutti i colori. Troppo di un solo colore può spesso confondere gli spettatori. Infine, ma non meno importante, ci sono le armonie di colore quadrate.

Sono esattamente come suonano: quattro colori equidistanti l'uno dall'altro. Anche in questo caso, questo schema può essere potente o schiacciante. Mantieni l'80% di un colore dominante e il 20% per gli altri colori. Disney, ad esempio, non solo ha realizzato il film "Inside Out", ma ha anche realizzato perfettamente questo schema con il loro poster per il film. Bene, ora che hai imparato come abbinare i colori tra loro, esaminiamo il significato dei singoli colori, poiché un colore può avere una connotazione positiva o negativa. Quindi, assicurati di scegliere il colore giusto per il tuo pubblico.

Partiamo dal giallo, direi che è un buon punto di partenza. È il colore del sole, delle banane e del sorriso indimenticabile degli smiley. Il colore è tipicamente associato alla creatività, all'ottimismo e alla vivacità, a patto che non ci sia troppa ombra gettata su di esso. I gialli brillanti ti fanno sentire bene, mentre quelle tonalità più scure ti fanno quasi sentire male. Il giallo è invitante ed è una delle ragioni principali per cui McDonald's utilizza il colore nei loro famosi archi dorati, giusto?

E' il primo colore che vediamo tutti da neonati o forse perché rappresenta il desiderio di più potere e importanza, dato che è ciò che incarna. Il rosso è memorabile e trascendente. Molti marketer usano il rosso per i loro pulsanti di chiamata all'azione, e giustamente, perché il rosso attira l'attenzione delle persone. È una delle principali ragioni per cui i segnali di stop sono di colore rosso. La parte difficile con il rosso è il numero di connotazioni associate ad esso. Il rosso può essere sia positivo che negativo, ed è quindi importante chiarire il suo intento con parole accanto al colore.

Il blu è un altro colore che evoca una vasta gamma di emozioni. Per una persona, simboleggia l'intelligenza e una sensazione di calma. Per un'altra persona, è freddo e triste. Spesso si incontrano il blu utilizzato nei siti web aziendali e tecnologici o negli ospedali, non solo per simboleggiare l'intelligenza, ma anche la fiducia. Un fatto divertente è che il blu è il colore preferito dalla maggior parte dei consumatori. Potrebbe essere qualcosa da tenere a mente quando si tratta di marketing.

Quando invece si parla di "pop", forse non c'è colore migliore dell'arancione. La sua vivacità è creativa e invitante. Se vuoi far risaltare gli elementi, utilizza aranci più luminosi. Se stai cercando uno sfondo, potrebbe funzionare un'ombra di arancione per dare una sensazione di calore allo spettatore.

Spesso, quando abbiamo bisogno di una pausa, potremmo uscire o fare una passeggiata, e questo potrebbe essere perché intorno a noi ci sono alberi verdi che ci donano una sensazione di ristoro e serenità. Sai citare un'azienda eco-friendly che non utilizza il colore verde?

La psicologia del colore ha fondamentalmente creato una regola attraverso il termine "andare verde" ed è ormai riconoscibile ovunque.

Il viola, un personaggio dei film di Willy Wonka e anche un colore che simboleggia la nobiltà. È maestoso, nobile e sontuoso, senza dimenticare che è considerato molto bello. Fornisce una sensazione di verità e saggezza ed è un grande preferito tra molte consumatrici. A meno che la tua grafica non sia intesa come spirituale o regale, utilizza il viola con parsimonia. Mentre il viola è stato a lungo commercializzato per le donne, lo stesso vale per il rosa. È un colore associato alla felicità e alla positività. Hai mai provato rabbia vedendo zucchero filato rosa? Io no!

E sebbene il rosa sia spesso associato a prodotti femminili, può essere anche gender neutral. Tuttavia, fai attenzione e assicurati di fare una ricerca adeguata se stai vendendo un martello, il rosa potrebbe non essere la tua migliore opzione.

Il bianco è un colore che vediamo ovunque intorno a noi. È il colore principale per la carta e per le pareti delle nostre case o uffici. Potrebbe essere perché simboleggia la pulizia e la chiarezza. Difficilmente troverai una grafica senza almeno un tocco di bianco. Se lo trovi, scommetto che la grafica ti lascerà una sensazione di confusione. Il bianco è un colore che può coprire quasi un'intera immagine. Dopotutto, il termine "spazio bianco" significa lasciare uno spazio vuoto su una grafica in modo che lo spettatore non sia confuso.

Il nero è un colore di eleganza e formalità. Se vuoi un aspetto elegante, usa il nero. È per questo che i nostri telefoni e le nostre auto spesso sono di colore nero. Il nero è anche un ottimo colore di sfondo, purché sia abbinato a colori vivaci in primo piano. Il marrone è simile al verde nel fornire una sensazione di naturale. È un colore di supporto che deve essere giusto. Una tonalità di marrone può sembrare pulita mentre un'altra può sembrare sporca. Le buste di carta marrone sono una parte importante di quella tendenza "andare verde" di cui ho parlato in precedenza, ma la tonalità deve essere abbastanza chiara da far sembrare pulita e non sporca. Infine, l'oro, l'argento e il bronzo rientrano tutti nella categoria dei colori metallici. Tecnicamente, sono pigmenti di colore con polvere metallica mescolata, motivo per cui è difficile utilizzarli su schermo e su carta. Tuttavia, se stai cercando un aspetto affascinante, parla con il tuo stampatore per vedere come possono aiutarti a ottenere il colore metallico perfetto.

Dedica del tempo per determinare quali colori e armonie ritieni migliori per le tue immagini e mettiti al lavoro nel creare un design!

CAPITOLO 3
Ricerca della piattaforma social più adatta
3.1 *La connessione*

La connessione si riferisce alla voce e allo stile che il brand adotta nella comunicazione scritta e verbale. Un ruolo principale lo giocano le scelte di design visivo che abbiamo già esaminato insieme in precedenza: la voce di un brand si costruisce comprendendo la sua storia, il suo scopo ma soprattutto i valori che trasmette.

Come le scelte di design visivo che abbiamo analizzato insieme nel capitolo precedente, anche la scelta della voce del brand contribuirà a creare un'identità unica e a comunicare letteralmente e figurativamente con il tuo pubblico.

Ma prima di addentrarci nello specifico dell'argomento iniziamo con il definire cos'è una voce di brand. In realtà, il modo in cui ti ho parlato per tutto questo tempo è stato attraverso il tuo normale tono di voce, quello che hai quando pensi o quando parli con te stesso.

Ma cosa succederebbe se tu iniziassi ad usare una voce diversa per questo manuale? L'incipit che ho riservato per te lo hai già letto ma avrei anche potuto usare parole differenti e frasi del tipo: "Salve e benvenuto alla nostra prima sessione sul marketing. Oggi la tecnologia continua ad evolvere sempre più rapidamente e sia la forma che la funzione richieste per il marketing in un'economia capitalistica subiranno modifiche continuamente." Oppure avrei potuto dirti: "Ciao a te! Sei entusiasta di imparare sul branding? Sarà fantastico, quindi mettiamoci al lavoro!" Sono molto diverse, vero? Hai probabilmente intuito dall'esempio che la voce del tuo brand è il modo in cui il brand si esprime, le parole che usa e l'atmosfera che comunica. La tua voce di brand potrebbe essere autorevole e sicura, amichevole e personale, divertente e stravagante. Il brand potrebbe suggerire di visitare il suo sito web o dare un'occhiata. Il brand potrebbe utilizzare frasi brevi e incisive o frasi più lunghe e stilistiche. Dipende da ciò che risuonerà con il tuo pubblico.

Sono certa che ora ti starai chiedendo, ma come puoi sapere cosa risuonerà con il tuo pubblico? La domanda è molto interessante ma ti dirò di più, non è quello che il pubblico percepisce ad essere il punto chiave della tua osservazione ma piuttosto la tua percezione globale del pubblico. Per un brand, già ti dico, non potrai creare una strategia ad personam per ciascun utente del tuo pubblico, sarebbe praticamente impossibile, almeno con gli strumenti che abbiamo oggi a disposizione. Per cui si tende a raggruppare il pubblico in determinate categorie demografiche, targetizzandolo. Molte aziende creano una persona o un cliente di esempio, in modo da poter pensare ad un target specifico quando creano contenuti o anche ad una persona immaginaria che funga da "rappresentante" per una determinata categoria. Creiamo una persona per "FlowPower, tornando sempre al nostro amato esempio floreale.

Se sappiamo a chi ci rivolgiamo, possiamo pensare al nostro pubblico come a qualcuno con disponibilità economica da spendere poiché apprezza i fiori o potrebbe essere interessato alla sostenibilità e probabilmente vive in città. Ma vedi quanto sarebbe difficile restringere una voce?

Facciamo un altro esempio,Invece, pensiamo a Maria, una professionista di mezza età con un reddito disponibile, che lavora in città, usa la bicicletta per andare al lavoro per salvare l'ambiente e adora avere fiori freschi nel suo appartamento, quindi ha acquistato un abbonamento da "FlowPlower". Ha anche un abbonamento per il suo ufficio perché ama aggiungere un'estetica organica al suo ambiente di lavoro "noioso".

Dopo questo esempio, di Maria, abbiamo un'idea chiara di per chi stiamo creando contenuti e quale voce useremo per parlare direttamente a Maria. I marketer creano delle persone in rappresentanza di una categoria di pubblico, per aiutare ad immaginare com'è veramente il loro pubblico di riferimento e personificarlo aiuta tutti nell'azienda ad immaginare la stessa persona quando lavorano sul marketing, a qualsiasi livello.

Aiuta anche dare un nome e un volto alla tua persona, puoi aggiungere un'immagine di come potrebbe apparire la tua persona. Ricorda una volta che abbiamo una persona, è più facile definire il nostro tono di voce.

A questo punto, possiamo utilizzare questo modello per aiutarci a identificare il tipo di voce che vogliamo utilizzare per il brand e che risuonerebbe con Maria ed Anna. Dovrebbe essere un po' più serio, ma non così serio da respingere i clienti che vogliono connettersi con una persona reale.

Abbiamo già deciso (nella descrizione fornita in precedenza di "FlowPower" di voler essere amichevoli e accessibili, quindi la voce del brand dovrebbe necessariamente essere informale con un'influenza creativa e ispiratrice.

In questo settore, potremmo scegliere sicuramente una voce del brand leggermente irriverente, ma non troppo da risultare poi offensiva.

Infine, in un'attività che si basa sulla connessione, ci si aspetterebbe che "FlowPower" abbia una voce entusiasta. Soprattutto, devi sempre assicurarti che la voce del tuo brand sia autentica. Come puoi vedere da questo esempio, se tieni presente la persona, è più facile determinare quale tono di voce aiuterà a creare una vera connessione con il tuo pubblico.

Consideriamo due semplici esempi reali. Prima di tutto, "MailChimp", un marchio che fornisce software per aiutare le aziende a inviare email ai clienti.

Se non conosci già questa piattaforma ti invito a collegarti ad essa e ad osservare le varie immagini che compaiono sul sito. Vorrei che tu puntassi la tua attenzione su una in particolare (la protagonista è una simpatica scimmietta). Prima dell'invio dell'email comparirà un'immagine di una scimmietta sudata con il dito.

Questa immagine rappresenta che "Mailchimp" è un tipo di software che puoi utilizzare per inviare email di massa, quindi posso immaginare quanto possa essere stressante premere il pulsante di invio.

Penso che catturino molto bene quella sensazione e credo che ora inizierai a pensarlo anche tu.

La comunicazione testuale e le immagini utilizzate da "Mailchimp" fanno parte del tono di voce del loro brand. Se dovessi descriverlo? Direi che il brand è divertente, ma non in modo esagerato. Sono comunque un marchio di software, un po' più informali che formali, con un po' di irriverenza e sono entusiasti, ma non in modo estremo.

Ora, ti faccio un altro esempio. Guardiamo Skittles (le caramelle).

Il tono di voce del brand di Skittles è un po' stravagante. Sono divertenti e stravaganti in modo quasi assurdo. Ecco come descriverei il loro tono di voce nel nostro spettro di brand: direi che sono divertenti, molto informali, decisamente irriverenti e molto entusiasti.

Puoi vedere come i brand possano differire molto nella comunicazione e nella connessione.

Ora che hai un'idea di cosa sia la voce e come può essere utilizzata, inizia a cercare voci di brand distinte nelle aziende con cui interagisci. Inizierai a leggere le email delle aziende e i post sui social media in modo diverso e potresti persino iniziare a chiederti se tu sei la persona che quel brand ha in mente.

A questo punto abbiamo esaurito anche la descrizione del quarto punto che ti aiuterà a stabilire bene il brand anche se ci sono molti altri modi per creare il tuo branding e molte altre strategie per mantenerlo una volta ottenuto.

A questo punto mi sento di congratularmi con te, hai completato quella che è una base importantissima che ti serve per poter iniziare. Ora sai come creare una presenza aziendale sui social media. Abbiamo stabilito le basi per un brand EPICO, articolando l'esistenza, lo scopo, l'identità e la connessione.

Esercizio n. 3

Ti chiedo di considerare i brand scelti nell'esercizio n. 2 e di descrivere questa volta la voce di questi tre brand:

Brand n.1:

Brand n.2:

Brand n.3:

3.2 La comunicazione non verbale

Ti starai chiedendo perché in questa fase, centrale, del manuale ti propongo questo paragrafo. Sappiamo bene il potere delle parole all'interno del lavoro di SMM e sui social. Il testo scritto o parlato è e rimane sempre e comunque fondamentale.
Ma è importante porre l'attenzione anche su ciò che non diciamo, ma che riusciamo perfettamente a trasmettere, senza aprire bocca.
Il non verbale è semplicemente tutto ciò che comunica ma non è una parola.
Il luogo in cui ti trovi nel leggere e la tua postura stanno comunicando qualcosa. Le cose che porti con te come una borsa, una penna, una macchina di lusso, tutte queste cose stanno comunicando.
Lo sguardo che rivolgi agli altri sta comunicando.
Per tutto il giorno, sempre e continuamente, senza che ne abbiamo

alcuna consapevolezza, stiamo comunicando, non verbalmente.

Per tutto il giorno. Ci tengo a ribadire questo concetto non perché credo che tu, caro lettore, non sia efferato sull'argomento, anzi forse ne sai anche più di me, ma perchè vorrei invitarti ad adottare la comunicazione non verbale come nuovo "point of view" (POV). Questo POV ti aiuterà a realizzare dei contenuti, e nei prossimi capitoli vedremo come, efficaci e ad altissimo impatto comunicativo, senza usare le parole, ma solo attraverso immagini, sequenze, suoni.

Per realizzare un contenuto con un forte impatto, senza usare le parole, devi prima di tutto osservare. L'osservazione è fondamentale. Ti faccio un esempio, puoi guardare tuo figlio mentre dorme e capire se sta avendo un incubo o se sta dormendo tranquillamente, senza che lui ti dica nulla, solo con il tuo sguardo puoi capire lo stato d'animo che sta vivendo, te lo comunica solo attraverso il suo corpo, senza uso di parole. Qualsiasi tuo interlocutore che ti trovi di fronte, oltre alle informazioni con il canale verbale, ti sta fornendo centinaia di altre informazioni attraverso l'uso del corpo, canale non verbale per eccellenza.

Quando abbiamo qualcuno di fronte, la prima cosa a cui pensiamo è che ci stia giudicando. Se posso dirti, da un punto di vista antropologico, trasmettiamo continuamente informazioni su noi stessi, sulle nostre convinzioni, sulle cose che a cui diamo valore e sentiamo che tutto questo sia continuamente sotto il metro di giudizio di chi abbiamo di fronte.

Ma tutto questo cosa c'entra con la connessione e con il mondo dei social media?

Forse c'entra più di quanto tu possa immaginare.

Come ben sai la realtà non è modificabile, appare per come essa è, ma i contenuti che invece vengono condivisi possono essere modificati e plasmati in ogni momento e possiamo apparire diversi da come siamo. Oggi si fa ampio uso di filtri per apparire più belli o più in forma o per rendere un panorama di cui abbiamo scattato una foto ancora più strabiliante.

La parola d'ordine in questo caso è "scelta". Ogni nostra scelta, comunica qualcosa e la basiamo sulla cultura, sulla pressione dei pari o sulle preferenze personali.

E quindi le cose che indossiamo e portiamo ogni giorno con noi, che in qualche modo ci rappresentano, stanno trasmettendo, attraverso la nostra vita stanno trasmettendo informazioni.

A tale proposito, una delle domande che mi viene spesso posta è "Quanto autentiche sono? "

Solitamente non rispondo immediatamente ma mi prendo sempre qualche minuto per riflettere ed ogni singola volta mi viene in mente più che l'autenticità di un fatto, il suo potere.

Ti è mai capitato di avere una brutta stretta di mano?

Ti invito a fare questo piccolo esperimento: vai davanti ad uno specchio e porta la tua mano davanti a te e fingi di dare una stretta di mano brutta a qualcuno.

Pronto? Fallo! Se ti guardi allo specchio ti rendi conto della buffa espressione che hai fatto senza rendertene conto!

Come puoi vedere io non ti ho chiesto di fare una faccia buffa, ma tu l'hai fatta ugualmente e sai perchè? Perchè non è possibile nascondere le proprie emozioni, controllarle si, se si è fatti un buon lavoro su se stessi, ma nasconderle no. E' letteralmente impossibile.

Il nostro linguaggio del corpo, in un certo senso, è squisito perché c'è un'area del cervello che è elegante. Ed è elegante perché prende scorciatoie e non pensa!

.

E questo perché c'è il sistema limbico. Quest'area piuttosto primitiva del cervello che reagisce al mondo, non deve pensare al mondo. E tutto ciò che proviene dal cervello limbico è così autentico. Senti un rumore forte e ti blocchi.

Giusto?

Ricevi una brutta notizia o vedi qualcosa in televisione, e ti coprite la bocca.

Ti faccio un piccolo esempio storico, quando i conquistadores arrivarono nel Nuovo Mondo, non ebbero problemi a capire chi fosse l'autorità. I comportamenti che avevano appena lasciato nella corte di regina Isabella, li videro nel Nuovo Mondo.

I re sedevano più in alto, avevano vestiti migliori, avevano un seguito.

Quindi tutti questi comportamenti sono molto autentici perché il sistema limbico risiede in quel cervello umano e fa parte dei nostri paleo circuiti.

E così, quando vediamo la fronte aggrottata in un neonato di tre settimane, sappiamo che c'è qualcosa che non va, c'è un problema. Dunque possiamo dire che il linguaggio non verbale è tutto ciò che siamo. Non è quanto guadagni. Non è quanti soldi hai. È la nostra influenza reciproca. E quello che è interessante è che il modo primario con cui influenziamo gli altri. È quella stretta di mano gentile, è una pacca sulla spalla o è quel tocco della mano.

È quel comportamento che comunica amore in un modo che le parole semplicemente non possono fare

E una delle cose su cui dovresti riflettere è: come posso cambiare i miei comportamenti non verbali? Come posso diventare una persona di influenza?

Perché se c'è una cosa di cui abbiamo bisogno in questo mondo, è sicuramente essere più empatici.

Ecco perché ti invito a riflettere sul non verbale come POV da adottare perché è potente ed è forse l'unico vero strumento che hai per metterti davvero nei panni del tuo pubblico, per capire ed osservare i trend del momento, non da quello che con il linguaggio viene pilotato, ma rispetto a quello che è istintivamente incontrollabile.

CAPITOLO 4
Sviluppo di una strategia di contenuti

4.1 Il content

Ora che hai acquisito le conoscenze di base per poter iniziare ad impostare la tua strategia, passiamo all'aspetto forse più interessante e vivo, ovvero la creazione di contenuti.

Sono sicura che ti starai chiedendo poi, in effetti, questo contenuto cos'è?

Ne avrai sentito parlare sicuramente, è una delle parole più usate degli ultimi anni se hai a che fare con il mondo del marketing e qui, troverai finalmente tutte le risposte che da tempo cerchi.

Il contenuto è il fulcro di tutto ciò che facciamo come individui sui social media, e lo stesso vale per le aziende e il loro marketing. In questo capitolo ci concentreremo sui fondamenti della creazione di ottimi post sui social media, ovvero la combinazione di testo, immagini o video. Saprai come creare post efficaci, come ottimizzare il tuo testo e come aggiungere immagini e video accattivanti. Esamineremo tutto ciò nel contesto dei post organici o gratuiti sui social media, ma vedrai in seguito che gli stessi blocchi di costruzione si applicano quando crei annunci pubblicitari sui social media. Quindi, cominciamo.

Come ti ho già spiegato, si parte sempre da una storia. "ForPets" è un'attività di toelettatura per cani e gatti a Torino gestita da Carlo, un amante degli animali domestici da sempre. Dopo essersi stabilito in città con sua moglie e il suo cane, Carlo si è rapidamente frustrato per la mancanza di servizi di toelettatura specializzati. Così ha aperto "ForPets" per offrire servizi personalizzati ai proprietari di cani e gatti che danno valore a uno stile di vita sano per i loro animali domestici. Carlo ha aperto la sede, ha costruito un sito web, ha parlato ai suoi amici della nuova attività, ha appeso qualche volantino e ha aspettato. Pensava che la sua attività sarebbe cresciuta tramite il passaparola, specialmente tra i proprietari di cani che si incontrano spesso al parco. Ma i torinesi sono impegnati e molti avevano già il loro posto di toelettatura di fiducia. Quindi Carlo ha iniziato a pagare per la pubblicità, che ha attirato alcuni clienti, ma non era economico per una nuova attività. Se non fosse riuscito a trovare un modo per attirare più clienti presto, il suo sogno avrebbe potuto finire prima ancora di iniziare davvero. Un giorno uno dei suoi clienti gli ha chiesto se avesse visto la discussione sul cibo per animali biologico nel gruppo dei proprietari di animali domestici di Borgo San Paolo su Facebook. Si stavano chiedendo dove acquistare un certo tipo di cibo biologico che lui vende. Gli ha detto: "Dovresti approfittarne e farlo sapere". Carlo non aveva ancora pianificato una strategia sui social media, ma non poteva fare male offrire alcuni consigli. Così ha creato un account per "ForPets" e ha iniziato a rispondere alle domande nel gruppo di Facebook. Qualcuno gli ha chiesto se fosse su Instagram, così ha creato un account e ha iniziato a pubblicare foto. Ha scoperto che le foto dei cani e dei gatti dei clienti, accompagnate da una piccola storia su di loro, ottenevano più mi piace. Carlo si è unito a Twitter e ha condiviso risorse e articoli sul toelettatura degli animali e uno stile di vita sano, guadagnando presto centinaia di follower che erano proprietari di animali domestici con gli stessi interessi e valori suoi e della sua attività. Carlo ha iniziato a creare video tutorial su YouTube e TikTok e ha iniziato a vendere prodotti per la toelettatura su Pinterest. Presto, i proprietari di animali domestici di Borgo San Paolo, hanno iniziato a prenotare appuntamenti non perché avevano visto un annuncio, ma perché conoscevano la storia di "ForPets", conoscevano i valori che rappresentava e vedevano Carlo come un esperto competente nel suo settore e volevano partecipare all'esperienza.

Allora, perché un'azienda dovrebbe creare contenuti per i social media? Perché i social media sono dove si trovano le persone e dove avvengono le conversazioni, e come azienda si desidera essere al centro di tutto ciò. Sono passati i tempi in cui un'azienda riusciva a conquistare clienti con uno spot televisivo e un jingle accattivante, o facendo chiamate a freddo senza fine o inviando volantini nella speranza che la persona giusta vedesse il proprio annuncio e agisse. Carlo, con "ForPets", ha fatto queste cose, ma non riusciva a decollare fino a quando non ha iniziato a interagire con le persone sui social media ed ha ottenuto risultati. Perché una volta che ha iniziato a fornire contenuti di valore, rispondendo alle domande dei proprietari di animali domestici, fornendo risorse ai suoi follower e condividendo foto carine di animali, il suo pubblico lo ha trovato. Come Carlo, vogliamo sempre che la nostra attività si concentri sull'interazione con i clienti e i social media possono aiutarci a raggiungere i nostri obiettivi di interazione in quattro modi principali.

In primo luogo, i contenuti dei social media contribuiscono ad aumentare la consapevolezza del marchio, il riconoscimento e la fiducia. Vogliamo che le persone sappiano chi siamo e cosa facciamo. Pubblicando contenuti di valore in modo coerente, mostriamo ai nostri clienti che siamo presenti e reattivi, il che costruisce anche fiducia. I social media sono come una conversazione attiva e in corso, e se siamo parte di questa conversazione, le persone ci noteranno, diventeranno più familiari con la nostra voce, impareranno quali contenuti tendiamo a pubblicare e potrebbero mettere mi piace, commentare o persino seguirci.

In secondo luogo, i contenuti dei social media forniscono valore ai nostri clienti o follower. Ciò può avvenire informandoli su un prodotto che li aiuterà, condividendo informazioni che li istruiranno o raccontando loro una storia che li ispirerà. Fornendo contenuti di valore invece di messaggi di vendita, i follower sanno che l'azienda li considera persone con cui interagire. I contenuti di valore dovrebbero essere condivisibili, in modo che chi li condivide fornisca ai propri follower qualcosa di valore.

In terzo luogo, i contenuti dei social media ci consentono di connetterci con i nostri clienti e aiutarli. I social media sono un ottimo strumento per connettersi con le persone su un livello autentico e relazionale, condividendo storie della nostra attività, foto dei nostri dipendenti o video dietro le quinte. Questo aiuta a creare un legame emotivo con i nostri clienti e li incoraggia a partecipare all'esperienza.

Infine, i contenuti dei social media ci permettono di promuovere la nostra attività e i nostri prodotti in modo più sottile. Mentre i social media sono un ottimo strumento per promuovere i nostri prodotti o servizi, dobbiamo farlo in modo che risuoni con il nostro pubblico e senza sembrare troppo promozionale o invadente. Dobbiamo creare contenuti che siano autentici e in linea con il nostro marchio, offrendo valore agli utenti.

In conclusione, creare contenuti per i social media è importante perché è lì che si trovano le persone e dove avvengono le conversazioni. È un modo per aumentare la consapevolezza del marchio, fornire valore ai clienti, connettersi con loro su un livello autentico e promuovere la nostra attività in modo sottile.

I follower sono in grado di identificarsi e relazionarsi con la nostra attività perché vedono il lato umano di essa, anche attraverso reazioni che potrebbero non avere nulla a che fare con il nostro settore. Le aziende segnalano che dietro gli account ci sono persone. I social media offrono anche un'ottima opportunità per un servizio clienti in tempo reale. In quarto luogo, i contenuti dei social media fanno sì che le persone diventino clienti, fan e sostenitori. Vogliamo che i clienti acquistino o interagiscano con i nostri prodotti o servizi, ma vogliamo anche che diventino i nostri più grandi fan. I social media sono un ottimo modo per creare consapevolezza iniziale tra i clienti e, una volta che ci seguono, possiamo coinvolgerli con contenuti di valore e rilevanti. Possono acquistare i nostri prodotti e servizi attraverso i social media e contattarci per aiuto. Una volta che diventano fan fedeli, condivideranno i nostri contenuti con i loro follower e diventeranno nuovi sostenitori del nostro marchio. Tenendo presente questi vantaggi, analizziamo più da vicino come funzionano le interazioni sui social media.

Questo rappresenta proprio l'ABC del SMM, sono i principi base per la creazione di qualsiasi contenuti che viene condiviso sui social network.

Quindi, come si crea un post sui social media?

Beh, è facile: prendi il tuo telefono, scrivi qualche frase e invia.

Sarebbe semplice se tutto si risolvesse in questo modo, semplice e pratico, ma purtroppo non è così. Perché un vero creatore di contenuti studia prima di scrivere anche una sola parola, per scegliere quella che più è indicizzabile, la più cliccata, la più cercata.

Come SSM, naturalmente tu non desideri necessariamente qualcosa di facile o veloce, ma vuoi creare contenuti ponderati e deliberati per il tuo pubblico.

Abbiamo già parlato un po' del perché sia importante interagire sui social media, ora analizziamo l'elemento che costituisce la parte più importante della tua strategia sui social media: il post sui social media.

Prima di iniziare a creare, è necessario fare alcune preparazioni. Ecco cosa ti serve.

Prima di tutto, è necessario avere una solida comprensione del marchio. Conoscere i valori, l'identità e la voce del marchio ti aiuterà a determinare il tipo di contenuto che desideri creare e che si allinei con esso. Assicurati che l'azienda abbia svolto il lavoro di definizione del proprio marchio e la nostra lezione precedente sulla creazione del marchio può aiutarti in questo. In secondo luogo, è necessario stabilire alcuni obiettivi per il tuo post sui social media. Anche se potrebbe essere solo un post singolo, qualsiasi contenuto fa sempre parte di una strategia più ampia.

Vuoi far sapere alle persone di un nuovo prodotto? Vuoi far iscrivere i follower a una newsletter? Vuoi educare i tuoi follower su qualcosa nel tuo settore? Anche un semplice post che commenta un evento o qualcosa di popolare sta ancora lavorando per coinvolgere il tuo pubblico e aumentare la consapevolezza del tuo marchio. Idealmente, hai scritto l'obiettivo SMART per la tua campagna, ovvero un obiettivo:

★   Specifico

★ Misurabile

★ Raggiungibile

★ Rilevante

★ Limite di tempo

Ciò che dobbiamo tenere in mente è chi è il tuo pubblico target?
Dovresti già conoscere il tuo pubblico target (a questo punto del processo di creazione della strategia di marketing), quindi chiediti: chi è il pubblico per il tuo post? Infine, su quali piattaforme di social media desideri pubblicare e come ti approcci a queste piattaforme. Le piattaforme hanno requisiti diversi per i post, come limiti di caratteri o solo video, e generalmente hanno culture diverse. Devi considerare che ogni social network ha un suo funzionamento differente, con delle regole e delle policy a volte molto differenti tra l'uno e l'altro.
Anche se è una buona idea usare i contenuti su più piattaforme, potresti doverli riscrivere o ripensare in base alla piattaforma.
Fatto tutto il lavoro preparatorio, puoi iniziare a creare un post.
Ora ti starai chiedendo, avvilito, ma ogni volta che dovrò creare un post dovrò seguire tutte le regole di quattro capitoli di libro?
In effetti la risposta corretta è sì, ma vedrai che più ti eserciterai e più inizierai a svolgere questa professione, tanto più diventerà un meccanismo automatico.

4.2 Gli elementi chiave di un post

Entriamo ora più nello specifico di un post, dobbiamo immaginarlo come una creatura, ogni post rappresenta un elemento chiave, che potrebbe portare la svolta nella tua ricerca dei clienti, ogni volta che pubblichi un post devi puntare sull'elemento della meraviglia.
Ti faccio un piccolo e rapido esempio. Ieri sera sei andato a cena in un ristorante, dove hai mangiato bene, l'atmosfera era

accogliente, la location elegante e raffinata, che rispecchia i tuoi gusti in poche parole. Il giorno dopo, vai in ufficio ed il tuo collega, a cui avevi raccontato che saresti andato a cena in quel ristorante, ti chiede com'è andata la serata e tu gli risponderai che è andata bene e farai una recensione positiva di quel locale e di quell'esperienza che hai vissuto la sera precedente.

Ora immagina, stesso collega, stessa situazione in cui gli dici che quella sera andrai a cena in quel ristorante, arrivi sul posto e ne resti estasiato. Sei sorpreso di quanto sia curata la location, ti colpiscono dei dettagli che fino ad allora non avevi mai notato prima, il cibo è squisito ed il personale estremamente cortese.

Sai cosa succederà?

Il giorno dopo, appena entrato in ufficio, il tuo collega non farà in tempo a chiederti com'è andata la serata perchè sarai tu, entrando a dire "Sono stato a cena in que ristorante, te lo consiglio, ci devi andare assolutamente perché..." e gli elencherai tutte le motivazioni che hanno reso quell'esperienza sorprendente, ovvero al di sopra delle tue aspettative. Ed è questo l'effetto a cui, ogni volta che progetti un post, devi puntare. Superare le aspettative del tuo pubblico.

Dopo questa piccola premessa che sarà la tua luce guida, iniziamo ad addentrarci nei meandri degli elementi chiave che compongono un ottimo post sui social media. Anche se abbiamo detto che nessuna piattaforma di social media è uguale, i post sui social media in generale presentano gli stessi elementi di base: testo, immagini o video, hashtag o menzioni e una call to action con un link, tutti elementi che lavorano insieme per creare un post sui social media, indipendentemente dalla piattaforma di riferimento. Il testo è probabilmente un elemento necessario e importante del tuo post sui social media. Sarà il modo in cui racconti la storia del marchio, parli del nuovo prodotto, esprimi i valori, rispondi a un follower o fai una call to action. Ricorda: non elencare solo fatti, racconta una storia, perché i tuoi follower saranno molto più propensi a ricordarla. Anche su piattaforme di social media più orientate alle immagini come Instagram, è comunque necessario utilizzare il testo come didascalia. Anche i video sono un ottimo modo per catturare l'attenzione delle persone mentre scorrono, infatti i contenuti con un'immagine visiva ottengono maggior coinvolgimento, più condivisioni e vengono ricordati più a lungo rispetto ai contenuti basati solo su testo. Le immagini o i video sono un altro modo per raccontare le storie sull' attività e sono anche un ottimo modo per creare consapevolezza del marchio mostrando alcuni elementi visivi di esso, come un logo o una combinazione di colori. Un post sui social media spesso contiene hashtag, che sono parole o frasi precedute da un cancelletto (#) che associano i post a categorie specifiche di argomenti in modo che il post sia facilmente rintracciabile all'interno di quella categoria di hashtag. Potresti anche utilizzare una menzione, che è il nome di un utente preceduto da una chiocciola (@) che li tagga in un post o li informa che li hai menzionati. Queste semplici aggiunte offrono molti vantaggi al tuo contenuto, facilitandone la ricerca e la condivisione. Un ottimo utilizzo dei social media è una call to action, che di solito consiste nell'indirizzare i follower verso contenuti sul tuo sito web, come una pagina di prodotto, un articolo o un post del blog. I post sui social media dovrebbero includere un link evidente, quando necessario, in modo che i clienti possano seguire dove li stai conducendo. Ora sai quali sono gli elementi chiave di un post sui social media. Vediamo ora come funziona nella pratica su Facebook. "Cosa hai in mente?" Probabilmente abbiamo tutti visto gli aggiornamenti su Facebook e abbiamo contribuito con i nostri pensieri, check-in in luoghi, articoli condivisi, foto di eventi e immagini di cibo nel corso degli anni. Nel nostro ultimo video abbiamo parlato di alcuni elementi di base di un post sui social media. Ora vedremo come creare un post sui social media su Facebook, non solo come individuo, ma come un responsabile dei social media riflessivo e ponderato. Accediamo a Facebook e apriamo la schermata iniziale della pagina aziendale.

Ora ti indico una serie di passaggi che potrai seguire per iniziare a mettere in pratica quanto ora spiegato in teoria.

4.2.1 Facebook

Immagina di aprire la pagina Facebook di "FlowPower" l'azienda di fiori di cui abbiamo già parlato. Se non hai mai lavorato con una pagina aziendale, vedrai che ci sono molti strumenti per le analisi, il monitoraggio dell'interazione e le risorse per la tua attività nel tuo pannello di controllo. Se sei un utente individuale, puoi passare tra il tuo profilo personale e la pagina aziendale nel menu laterale. Scorri verso il basso nel menu laterale fino alla casella con il pulsante "Crea post".

Prima di premere il pulsante, vedrai che ci sono alcuni collegamenti rapidi sotto. "Foto/video" ti permetterà di caricare una delle immagini visive, "Check-in" ti permette di cercare un luogo e "Sentimento/Attività" ti porta all'immagine dell'emoji. Puoi accedere a queste opzioni anche attraverso i menu "Crea post". Fai clic su "Crea post". Ricorda che nella nostra ultima lezione abbiamo esaminato quattro componenti principali di un post sui social media. Qui aggiungeremo tutti quei contenuti, tra cui testo, immagini o video, hashtag o menzioni, e una call to action con un link. Come puoi già vedere, Facebook ci offre molte più opzioni con cui giocare. Scriviamo qualcosa, ma prima torniamo al nostro lavoro preparatorio.

A questo punto le domande che dobbiamo porci sono sempre le stesse, per cui se desideri leggerle, ti consiglio, prima di andare avanti, di fare un salto nei capitoli precedenti.

Quali obiettivi stiamo cercando di raggiungere con il nostro post? A quale pubblico vogliamo rivolgerci? Qual è la voce del nostro marchio e che tipo di post vogliamo creare?

Proviamo a creare un post semplice questa volta, in modo da poterci concentrare sulla funzionalità della pubblicazione. Condividiamo un nuovo articolo appena aggiunto sul sito web di "FlowPower" su come prendersi cura dei fiori recisi. Immaginiamo di partire dal testo. Un buon consiglio è renderlo breve e incisivo, ma anche coerente con la voce del marchio. Dunque diremo: "Cinque consigli per far sbocciare i tuoi fiori freschi" (anche se il limite di caratteri di Facebook è di ben 63.206 caratteri, è meglio non superarlo mai).

Tuttavia, potresti constatare che alcuni post richiedono più parole di altri, e va bene così. Se vuoi aggiungere qualche emoji per rendere il post più divertente, puoi fare clic sul faccino sorridente per accedere alla collezione. Possiamo anche menzionare l'autore dell'articolo nel nostro post digitando "@" seguito dal loro nome utente e comparirà un elenco di suggerimenti per i nomi utente e puoi scegliere la persona che vuoi taggare. Menzionando qualcuno nel tuo post, riceverà una notifica che l'hai creato e potrà condividerlo con i suoi follower.

Cosa ne dici di utilizzare un hashtag? Ma cosa sono e a cosa servono davvero?

In passato, gli hashtag sono stati utilizzati in modo molto più ampio e diffuso su altre piattaforme di social media come Twitter e Instagram. Sebbene sia possibile aggiungere gli hashtag su Facebook, gli hashtag di solito non sono una caratteristica principale su Facebook e se i tuoi follower li vedono, potrebbero pensare che tu abbia condiviso qualcosa da un'altra piattaforma su Facebook. Quindi ti suggerisco di usarli solo se ritieni che siano davvero appropriati, poiché vogliamo che i nostri follower leggano il nostro nuovo articolo. Vogliamo includere l'URL del nostro articolo in modo che i follower possano cliccarci facilmente. Gli utenti dei social media sono esperti, quindi non c'è bisogno di includere la frase "clicca qui". Basta incollare l'URL e quando lo fai, vedrai che Facebook crea una anteprima del link che estrae i metadati dal tuo sito web. Qui abbiamo un'immagine grande, il titolo dell'articolo e il sito web visualizzati in modo pulito e prominente.

Se vogliamo allegare la nostra immagine, possiamo eliminare l'anteprima del link facendo clic sulla "X" nell'angolo in alto a destra.

Un piccolo suggerimento: se l'URL è lungo, disordinato o semplicemente non lo vuoi nel tuo post, una volta che appare l'anteprima del link, puoi cancellare l'URL e l'anteprima del link rimarrà comunque. Cosa altro possiamo aggiungere?

Subito sotto la casella di testo, Facebook offre una serie di opzioni per aggiungere annunci al tuo post. Ciò può includere l'aggiunta di una foto o un video, la condivisione di un luogo, un controllo di presenza o altre opzioni come la possibilità di raccogliere fondi per una causa, aggiungere video per una watch party e persino consentire ai follower di acquistare buoni regalo.

A questo punto, dopo aver controllato tutto ciò che vuoi inserire nel tuo post, sei pronto per pubblicare ma prima di farlo, hai l'opzione di promuovere il tuo post.

Il potenziamento di un post trasforma il tuo post in un annuncio che verrà mostrato a un pubblico al di fuori dei tuoi follower. Quando selezioni "Potenzia" e fai clic su "Pubblica", avrai un menu di opzioni da specificare, incluso il pubblico di destinazione, il budget e la durata del tuo annuncio. Non preoccuparti se non decidi di potenziare il post ora, potrai farlo in seguito.

Ora sei pronto per pubblicare.

Fai clic su "Pubblica" o puoi decidere di pubblicare in seguito. Facebook consente anche la pianificazione dei post, disponibile nella sezione "Strumenti di pubblicazione" della pagina aziendale. Ciò ti consente di creare contenuti in anticipo e pianificarne l'uscita per date specifiche, come una festività o il giorno di un evento. Facebook ti offre anche la possibilità di creare altri tipi di post, come inserzioni di vendita di articoli, post per raccogliere fondi o post per eventi. Inoltre, Facebook ti permette anche di pubblicare storie sulla tua pagina aziendale, ma sappi che puoi farlo solo dall'app mobile di Facebook. Se stai cercando un modo più personale per raggiungere il tuo pubblico, Facebook ti consente anche di trasmettere in diretta, dove puoi trasmettere video e interagire con il tuo pubblico in tempo reale.

Ora che conosci le basi di un post su Facebook, passiamo a Instagram e creiamo un post lì.

4.2.2 Instagram

Quando Instagram è emerso, era un tipo di social media diverso, che improvvisamente ha permesso a tutti di essere fotografi. Milioni di selfie dopo, Instagram rimane la principale piattaforma di social media incentrata sull'immagine. Impariamo come creare un post su Instagram.

Apri Instagram, se non sei già lì, e seleziona l' account aziendale. Ipotizziamo sempre di usare l'account di Instagram di "FlowPower" per creare un post da visualizzare nel feed delle notizie. Fai semplicemente tap sul pulsante "+" al centro. Instagram ti porterà alla fotocamera o alla libreria foto, dove puoi scattare o scegliere una foto per il tuo post. Instagram ti consente anche di registrare un video Boomerang, che riproduce un video in un loop avanti e indietro. Hai anche l'opzione di creare un collage di foto o aggiungere fino a 10 foto per post.

Ora creiamo un post, ma prima pensiamo al nostro lavoro preparatorio. Quali obiettivi vogliamo raggiungere con il nostro post e che tipo di post vogliamo creare? In questo caso, vogliamp creare un post che aiuti Anna a presentare "FlowPower" ai clienti, in modo da poter iniziare a generare consapevolezza. Faremo solo una foto per ora, ma potrebbe funzionare anche un post con più foto. Clicchiamo sul pulsante "+" e aggiungiamo la foto che desideriamo.

Selezioniamo una foto che mostri l'appeal di "FlowPower".

Dopo aver scelto la foto, clicca su "Avanti". A differenza di Facebook, dove puoi aggiungere tutto in una volta, Instagram ti guiderà attraverso il processo di pubblicazione. La schermata successiva è dove potrai modificare le tue foto regolando la luminosità, il contrasto o la vivacità. Puoi lasciare che Instagram si occupi della modifica della foto scegliendo un filtro lungo la parte inferiore, oppure puoi toccare il lucchetto in alto dello schermo per un'elaborazione automatica della foto. Puoi anche modificare tu stesso la foto nella schermata di modifica, dove puoi modificare il contrasto, la saturazione o il colore, aggiungere una vignetta, un bordo o un effetto tilt-shift per mettere a fuoco una parte specifica dell'immagine. Ricorda che desideri catturare l'attenzione degli utenti con immagini ben realizzate, nitide e uniche. Quando hai finito, clicca su "Avanti". Ora è il momento di creare la didascalia. Mentre Instagram ti consente di scrivere fino a 2200 caratteri nelle didascalie, queste vengono tagliate dopo

125 caratteri e i follower dovranno toccare "Mostra altro" per vedere il resto della didascalia. Mentre scriviamo, pensiamo alla voce del brand e alla personalità dell'azienda per la quale stiamo creando il post. Potremmo scrivere: "Dai un tocco di freschezza e di profumo unico alla tua casa". Ora è il momento di aggiungere gli hashtag, che taggeranno il nostro post con una categoria e lo renderanno più facilmente trovabile. Basta digitare l'hashtag e alcune parole, e Instagram offre una funzione utile che suggerisce automaticamente gli hashtag e mostra la loro frequenza di utilizzo, in modo da poterne scegliere uno più probabile da attirare l'attenzione del pubblico. Ricorda che gli utenti non solo possono cercare gli hashtag, ma possono anche seguirli come fanno con gli utenti. Sebbene Instagram permetta fino a 30 hashtag per post, non consigliamo di utilizzarne così tanti. Ora includi eventuali menzioni o account utenti taggati nella didascalia. Ad esempio, se un media sta coprendo il tuo evento o se ci sono persone o prodotti nella tua foto, questo li avviserà che sono stati menzionati nel tuo post. Non ho davvero bisogno di aggiungere nessuno per questo post.

Ora è il momento di aggiungere un link al sito web di "FlowPower" in modo che le persone possano saperne di più, ma Instagram non permette di aggiungere URL ipertestuali nella copia della didascalia. Potresti certamente aggiungerlo, ma i tuoi follower non potrebbero fare clic su di esso né copiarlo nel loro browser. Dovrebbero digitare fisicamente l'URL. Tuttavia, Instagram ti consente di avere un link nella tua biografia, dove le aziende possono collegare il loro sito web o URL specifici. Spesso le persone aggiungono "Link in BIO" al loro post, ed è quello che farai anche qui. Ora che abbiamo creato la didascalia, compiliamo altre informazioni. Puoi etichettare le persone nella tua foto per far loro sapere che hai pubblicato qualcosa su di loro, come ho fatto con le menzioni. Aggiungi anche la posizione per collegare l' attività ad una mappa. Instagram ti offre anche la possibilità di pubblicare foto su più account Instagram o di collegare altri account come Facebook, Twitter o altri. Tieni presente che le foto e le didascalie potrebbero essere tagliate e le menzioni potrebbero non essere le stesse su altri siti. Clicca su "Impostazioni avanzate" per modificare i commenti, far sapere ai follower che si tratta di un contenuto sponsorizzato, impostare la pubblicazione automatica su Facebook e scrivere un testo alternativo o una descrizione di ciò che può essere visto nelle immagini che hai utilizzato. Pronto per pubblicare? Clicca su "Condividi" e apparirà immediatamente nel feed delle notizie. Se noti un errore di battitura o vuoi aggiungere un hashtag, tocca sui tre puntini nell'angolo in alto a destra per apportare modifiche. Non puoi programmare i tuoi post con l'app Instagram, per quello dovresti utilizzare un altro strumento che vedremo successivamente

Ora creiamo una storia su Instagram.

Dalla tua home page di Instagram, scivola verso destra e apparirà la schermata di creazione delle storie. Questa schermata ti consente di pubblicare una foto, registrare un video, aggiungere filtri, sondaggi e domande interattive, adesivi, hashtag, menzioni e altro ancora. Instagram offre anche la funzione in diretta, che ti consente di interagire in tempo reale con il tuo pubblico, rispondere alle domande, fare interviste e persino organizzare una raccolta fondi in cui gli spettatori possono donare direttamente tramite l'app. Gli esempi su Facebook e Instagram sono solo due delle molte piattaforme che puoi utilizzare per creare contenuti unici, rilevanti, divertenti e coinvolgenti per il tuo pubblico. Prossimamente...

Esploriamo cosa puoi fare per rendere gli elementi del tuo post il più efficaci possibile. Inizieremo con il testo. Una foto vale più di mille parole e non c'è dubbio che stiamo vivendo in un mondo visuale. Tuttavia, le parole sono ancora cruciali per la comunicazione e svolgono un ruolo essenziale in molti modi diversi nei social media. In questo video, ti fornirò suggerimenti su come rendere le tue parole efficaci quando crei post sui social media.

Innanzitutto, assicurati che la tua scrittura sia in linea con la voce del tuo brand e a come puoi creare un brand per la tua attività. Abbiamo parlato della voce del tuo brand, ossia il modo in cui la personalità del tuo brand si esprime. Ricorderai il cosa abbiamo usato per definire la voce del brand. Se il tuo brand è più professionale e serio, vorrai scegliere parole e frasi che riflettano quella personalità, ad esempio utilizzando il termine "discutere" invece di "chiacchierare", limitando l'uso di punti esclamativi e utilizzando frasi più lunghe e ben strutturate. Se il tuo brand è più divertente e amichevole, magari rivolgendosi a un pubblico più giovane, potresti utilizzare parole come "chiacchierare" invece di "discutere", scrivere frasi più brevi, utilizzare più punti esclamativi e aggiungere più gergo. Assicurati che la voce del tuo brand sia coerente in tutte le tue comunicazioni.

Successivamente, considera quale storia vuoi raccontare con il tuo post. Nota che non ho detto quale informazione vuoi fornire. Ricorda che la scienza è dalla nostra parte quando si tratta di raccontare una storia. I lettori o gli ascoltatori ricorderanno meglio una storia e risponderanno ad essa più pienamente rispetto ai semplici dati. Quindi, utilizza le parole nel tuo post per raccontare la tua storia. Come puoi farlo? Prova a utilizzare quello che chiamiamo "il viaggio dell'eroe". Riconoscerai questa struttura nella storia di una persona, di un personaggio o di un eroe che intraprende un viaggio per affrontare un problema e alla fine lo risolve. Se stai cercando di creare contenuti coinvolgenti ed emozionali, utilizza il viaggio dell'eroe per raccontare la storia e collegare il tuo pubblico al tuo brand. Vedrai questa struttura spesso nelle storie condivise sui social media. "La nostra azienda faceva la sua cosa, ma un giorno qualcosa è cambiato e abbiamo fatto le seguenti cose per affrontare il cambiamento". Stai raccontando ai tuoi follower del viaggio eroico che la tua azienda ha intrapreso per affrontare e superare una sfida.

Il mio prossimo suggerimento riguarda il modo in cui ti rivolgi alle persone. Sappiamo che le persone apprezzano l'attenzione focalizzata su di loro. Approfitta utilizzando il pronome "tu" e avrai uno strumento potente per l'interazione.

Ad esempio, un'attività commerciale come un bar, potrebbe scrivere "Compra un caffè" oppure potrebbe scrivere "Vuoi un caffè, vero?". Il pronome "tu" crea un coinvolgimento immediato con il pubblico. Allo stesso modo, evita di elencare le cose relative ai tuoi prodotti e servizi ed elenca invece come aiuterai il cliente a migliorare la propria vita o raggiungere un obiettivo. Ad esempio, un'app di monitoraggio della salute potrebbe dire: "La nostra app può fare tutte queste cose" oppure potrebbe dire "Vuoi migliorare la tua salute? La nostra app può aiutarti a raggiungere i tuoi obiettivi". Una volta che inizi a notare l'uso del pronome "tu", lo vedrai ovunque e ti accorgerai quando i brand non lo utilizzano.

Sai che c'è un altro esempio di coinvolgimento nell'ultimo segmento? Non solo abbiamo usato il pronome "tu" nell'esempio "Vuoi un caffè, vero?", ma abbiamo fatto una domanda. Le domande sono un altro ottimo strumento per catturare l'attenzione del lettore e farlo interagire con il tuo post. Puoi fare una domanda retorica o chiedere ai follower di scrivere le loro risposte nei commenti o utilizzare un sondaggio nelle storie di Instagram, ad esempio.

È un modo per far riflettere i clienti su un problema che risolverai per loro. Ad esempio, "I tuoi metodi attuali per fare XYZ semplicemente non funzionano?" È anche un modo divertente per creare coinvolgimento e vedrai che i brand si limitano a fare domande ai follower o a fare domande di trivia. Sono ottimi anche se hai poco spazio, come su Twitter, o con le immagini, come si vede qui nel post di Blue Apron: "Cosa hai cucinato questo weekend?".

Inoltre, Assicurati sempre di includere una chiara "call to action" (CTA) nel tuo post.

Gli utenti dei social media sono sufficientemente abituati a sapere di cliccare sui link quando vengono forniti, quindi potresti non aver mai bisogno di fare clic con il tasto destro qui, ma cerca di individuare i luoghi in cui puoi mettere in evidenza un'azione. Alcuni esempi di "CTA", come "Inizia la tua prova gratuita oggi" o "Unisciti al club" possono essere sicuramente più originali. Successivamente, assicurati che il tuo post utilizzi la forma attiva, ad esempio "Possiamo aiutarti" invece di "Puoi essere aiutato da noi". Utilizza anche parole forti e sicure come "Possiamo aiutarti" invece di "Potremmo aiutarti". Vai dritto al punto, poiché gli utenti scorrono velocemente. Prova a utilizzare uno strumento che può aiutarti a mantenere una forma attiva e a controllare che la tua ortografia, grammatica e punteggiatura siano prive di errori. Ti lascio un piccolo esempio come "Grammarly". Potresti non pensare che questo sia incredibilmente importante, soprattutto per un post informale sui social media, ma una copia di un'azienda professionale con errori perderà credibilità del brand incredibilmente velocemente.

Fino a questo punto abbiamo parlato di tecniche legate alla creazione del corpo dei tuoi post e delle didascalie, ma non dimenticare l'importanza di altre parole, inclusi l'uso di hashtag, menzioni e URL. Richiedono meno abilità di copywriting da aggiungere al tuo post, ma sono comunque testo. Gli hashtag possono essere davvero utili per far emergere il tuo post nella ricerca e, come abbiamo detto prima, assicurati di includere hashtag pertinenti, ma senza esagerare. Suggerisco di mantenere il numero di hashtag inferiore a 10, se possibile, e se decidi di aggiungerne molti, separa il corpo del testo dagli hashtag in modo da non sovraccaricare le persone e rendere i tuoi post difficili da leggere.

Un consiglio rapido su Instagram: se vuoi pubblicare un gruppo di hashtag senza distogliere l'attenzione dalla tua didascalia, nascondilo nella parte inferiore della didascalia aggiungendo righe come vedi qui. Devi aggiungere righe utilizzando i punti, non puoi semplicemente premere Invio.

A volte le parole potrebbero non esprimere facilmente ciò che vuoi dire. Ti ricordo che se anche qualche volta tu fossi a corto di parole da usare, gli emoji ti vengono in soccorso. Sono un ottimo modo per aggiungere un po' di emotività al testo e catturare l'attenzione, e fanno sicuramente parte del linguaggio del marketing sui social media. Puoi anche cercare di enfatizzare il testo con font speciali, ma ancora una volta, non esagerare. I post pieni di emoji, punti esclamativi e testo in grassetto possono in realtà nascondere ciò che vuoi davvero dire e possono essere difficili da leggere. Penso che con questi suggerimenti potrai creare ottime copie per i tuoi post e non dimenticare il vecchio detto secondo cui la scrittura è nella revisione.

Quindi, dai un'occhiata al tuo post e vedi se puoi aggiustare la voce, aggiungere una domanda o renderlo più coinvolgente per i tuoi follower. Potresti persino voler redigere alcune versioni del tuo post, sapendo che le versioni successive potrebbero essere più efficaci e risuonare maggiormente rispetto alla prima che hai scritto. Ora diamo un'occhiata a come puoi accompagnare il tuo post con ottime immagini. Come abbiamo visto nel video precedente, devi essere attento e consapevole nella scelta delle immagini per i tuoi post, così come nella loro presentazione. Alla fine di questo video, saprai cosa tenere a mente quando selezioni le immagini per i tuoi post su diverse piattaforme di social media.

Gli utenti capiscono che allegare un'immagine al proprio post aiuterà a catturare l'attenzione di chi scorre il feed. In realtà, un tweet con un'immagine ottiene un coinvolgimento tre volte superiore rispetto a un tweet di solo testo, e un post su Facebook con un'immagine ottiene un coinvolgimento 2,3 volte superiore. Inoltre, un post su LinkedIn con un'immagine ha il 98% in più di probabilità di ricevere un commento. La cosa importante da ricordare è che desideri catturare l'attenzione dell'utente con la tua immagine, rendendola unica e distinguendola.

Vediamo alcuni suggerimenti che possono aiutarti in questo senso. Per prima cosa, lascia che l'identità visiva brand guidi le scelte delle immagini. Ricorda come abbiamo discusso dell'identità visiva per il brand. Quella guida sui colori e sui tipi di immagini che si adattano al brand può aiutarti quando è il momento di selezionare l'immagine per un post. Ad esempio, un'azienda di moda potrebbe voler mostrare immagini dei suoi prodotti, un'azienda di dati potrebbe voler mostrare grafici divertenti e infografiche, e un'organizzazione basata sulla comunità potrebbe voler mostrare immagini di persone. Come abbiamo menzionato nel nostro ultimo video, le storie sono un modo potente per trasmettere il tuo messaggio e le immagini sono ottime per supportare la tua storia. Ad esempio, se stai pubblicando sul campo estivo per bambini e su quanto i tuoi campi siano fantastici, puoi utilizzare immagini che rappresentino l'esperienza positiva dei bambini durante il campo.

Puoi supportare la tua storia con un'immagine che cattura davvero l'essenza di quella storia. Per fare ciò, assicurati che la tua foto comunichi una storia chiara e facile da comprendere. Ad esempio, non scegliere un'ampia ripresa del campeggio con decine di persone nella foto, ci sarebbe troppo da osservare e il visualizzatore potrebbe ignorarla o, se si ferma, potrebbe non capire la storia. Invece, scegli una foto di alcuni amici che cuociono marshmallow intorno al fuoco del campeggio. È semplice, individuale e racconta la storia.

Vediamo alcune tecniche per comporre la tua immagine in modo professionale e accattivante. La prima tecnica è quella di utilizzare la regola dei terzi. La regola dei terzi prevede semplicemente che se suddividi l'immagine in terzi orizzontalmente e verticalmente, i tuoi soggetti dovrebbero essere posizionati all'intersezione di una delle linee di griglia, non al centro. Allo stesso modo, se stai scattando una foto di un paesaggio, dovresti avere due terzi di terra e un terzo di cielo o due terzi di cielo e un terzo di terra. Avere il soggetto leggermente spostato dal centro lo rende più evidente e visivamente attraente per i nostri occhi. Ci possono essere momenti in cui desideri pubblicare una foto perfettamente simmetrica, che può essere visivamente piacevole e straordinariamente unica allo stesso tempo. Questo funziona particolarmente bene con l'architettura e i panorami urbani. Sebbene Instagram non mostri più le linee di griglia nell'app, puoi attivare le linee di griglia per la fotocamera del tuo telefono nelle impostazioni.

Successivamente, assicuriamoci di avere una buona illuminazione. Se possibile, utilizza la luce naturale per le tue fotografie. I fotografi chiamano il momento intorno all'alba e al tramonto "ora dorata" perché la luce è più morbida e inclinata, offrendo un migliore contrasto tra luce e ombra. Assicurati anche che l'esposizione sia bilanciata toccando lo schermo mentre stai allineando la foto. Toccare le aree scure farà illuminare la foto, mentre toccare le aree chiare la scurirà. Sebbene tu possa modificare molta dell'illuminazione nell'elaborazione dell'immagine, è utile avere un'immagine di partenza di buona qualità su cui lavorare. Se desideri che lo spettatore si concentri su un soggetto, lascia spazio attorno ad esso per metterlo in evidenza e renderlo il punto focale. Ciò ti aiuterà anche a semplificare il tuo post. Sperimenta anche con diversi angoli, ad esempio uno scatto dal basso o una vista aerea che ci mostri un punto di vista diverso da quello che vedremmo normalmente al livello degli occhi. Questo può catturare l'attenzione dell'utente e rendere lo scatto molto più accattivante. Ricordati di includere anche linee guida o linee nella fotografia che conducono l'occhio verso il soggetto e indicano al visualizzatore cosa guardare. Può essere semplicemente un sentiero che conduce al soggetto o linee su una tovaglia o una freccia inserita. Ciò aiuta a guidare le persone a concentrarsi su ciò che desideri far loro vedere.

Infine, non dimenticare di aggiungere del testo alternativo per le tue foto, che è semplicemente una descrizione di ciò che è nella foto per le persone con problemi di vista. Una volta che hai catturato la tua immagine, vorrai apportare ulteriori modifiche per renderla davvero eccezionale.

Se hai e sai usare strumenti di modifica professionale, ti consiglio di usarli. Ci sono anche numerosi strumenti di modifica disponibili nelle app o di terze parti che permettono di ritoccare la foto o applicare filtri interessanti. Puoi anche farlo da solo utilizzando gli strumenti della fotocamera del tuo telefono. Le fotografie non sono l'unico tipo di immagini che troverai nei post dei social media, potresti infatti trovare infografica, grafici, immagini con testo, cartoni animati, tutti hanno uno scopo nel catturare l'attenzione e funzionano come contenuti unici che rappresentano il brand. Non pensare di essere limitato solo alle foto. Aggiungere un elemento visivo al tuo post sui social media è stato dimostrato che aumenta l'interazione. Un'immagine può raccontare una storia molto più velocemente e in modo più completo rispetto al solo testo, e il nostro attaccamento visivo all'immagine può aiutarci a ricordare meglio. Pertanto, è importante dedicare qualche pensiero all'immagine che pubblichi e assicurarti che sia in linea con la storia che vuoi raccontare e con l'immagine del brand che vuoi trasmettere. Nel nostro prossimo video, esamineremo i video e il loro ruolo nei post sui social media. C'era un tempo in cui solo persone con l'attrezzatura adeguata potevano realizzare video, ma oggi è diventato un mezzo accessibile a tutti.

Oggi chiunque può dimostrare la propria creatività e raccontare una storia attraverso un video catturato con il proprio telefono, che si trova in tasca. I video sono diventati uno degli elementi chiave delle strategie di contenuti dei social media e sono un ottimo strumento da utilizzare per aumentare l'interazione e raccontare una storia. I video possono anche essere più personalizzati, il che crea interazione e fiducia con gli spettatori, e sappiamo che esistono intere piattaforme di social media dedicate al racconto video. La creazione di video può richiedere un po' più di tempo e di pensiero, ma i risultati ne valgono la pena. Ad esempio, i tweet con video ricevono 10 volte più interazioni, i video su Instagram ottengono il doppio delle interazioni rispetto alle foto, e i video sono i post più performanti su Facebook. Nel 2018, l'81% dei 500 migliori post su Facebook erano video. Vediamo ora alcuni consigli che possono aiutarti a creare video efficaci per i social media.

Prima di creare un video, devi essere consapevole non solo degli obiettivi che vuoi raggiungere, ma anche della piattaforma per la quale lo stai creando. La maggior parte delle piattaforme di social media consente di pubblicare video, ma la prima domanda che devi porti è se il video è la scelta giusta per quello che vuoi comunicare? Prima di iniziare, devi conoscere abbastanza bene la piattaforma per assicurarti che il tuo video si adatti. Anche se stai creando un video per la stessa azienda, quello per Instagram e quello per TikTok saranno probabilmente molto diversi. Assicurati di conoscere anche i limiti dei video e quale sia la durata ideale per ciascuna piattaforma.

Mentre Facebook e YouTube hanno limiti di durata elevati per i video, la durata ideale è molto più breve, solo due minuti per YouTube e un minuto per Facebook. Twitter limita i video a un minuto, ma è preferibile una durata ancora più breve. Instagram limita i video a 30 secondi, mentre i video più lunghi sono riservati a IGTV, e i video su TikTok variano tra i 15 e i 60 secondi. Come sai, la narrazione è fondamentale, e questo vale soprattutto per i video.

È possibile raccontare facilmente una storia con le parole, ma si perde tutto il contesto visivo. Mentre le immagini forniscono un contesto visivo e molte informazioni in una sola foto, sono statiche. Con un video, invece, hai non solo il dialogo, ma anche il movimento e le azioni ad esso associate. I video possono essere utilizzati per diversi tipi di narrazione sui social media. Puoi creare un video tutorial che mostri agli spettatori come utilizzare un prodotto o come realizzare qualcosa. Puoi utilizzare il video per creare un breve video esplicativo o condividere alcune curiosità divertenti. Puoi fare un video dietro le quinte o una visita virtuale. Ad esempio, puoi pubblicare un video di un'intervista. Puoi persino pubblicare un video semplicemente per intrattenere. Per creare e ottimizzare i tuoi contenuti video, valgono gli stessi principi che abbiamo visto per le foto. Assicurati che il tuo argomento sia chiaro e facilmente comprensibile, e fai in modo che il soggetto sia il punto focale del tuo video. Assicurati di avere una buona illuminazione. La luce naturale è la migliore, ma se non è possibile, cerca di inserire luci aggiuntive per illuminare la scena. Anche il suono è importante. Cerca di ottenere la miglior qualità audio possibile e potresti persino considerare l'utilizzo di un microfono esterno. Non dimenticare di stabilizzare la telecamera e, se necessario, utilizza un treppiede. La maggior parte delle persone guarderà il tuo video sui propri telefoni, quindi, anche se potresti essere tentato di girare in formato cinematografico orizzontale, dovresti girare in formato verticale o ritratto per ottimizzare i contenuti per i dispositivi mobili. In effetti, TikTok non ruota il video dalla posizione verticale. Familiarizza con le specifiche delle piattaforme per assicurarti di caricare le dimensioni e la dimensione del file corrette. Carica i momenti più interessanti del tuo video all'inizio e cerca di catturare l'attenzione nei primi 5 secondi. Questo vale per qualsiasi tipo di narrazione, ma l'obiettivo è catturare l'attenzione dello spettatore e farlo smettere di scorrere.

Poiché la maggior parte dei video sui social media viene riprodotta automaticamente, è importante catturare l'attenzione rapidamente. Aggiungi movimento e immergiti subito nella storia. A seconda dei limiti di durata dei video delle piattaforme, potresti non avere molto tempo a disposizione. Il 65% degli spettatori che ha la propria attenzione catturata nei primi tre secondi continuerà a guardare. Anche se la riproduzione automatica può essere un ottimo strumento per catturare l'attenzione del pubblico, dato che non è necessario selezionare un video e premere play, i video in riproduzione automatica spesso vengono riprodotti senza audio. Ciò significa che è importante aggiungere sottotitoli o rendere il video comprensibile anche senza audio. Sperimenta e fai pratica con la creazione di video per i social media. Con il tempo, migliorerai le tue abilità e sarai in grado di creare contenuti video coinvolgenti e interessanti per il tuo pubblico.

E' davvero fondamentale fare affidamento sulla forza della tua narrazione visiva mentre crei un video. Considera di girarlo in modo che sia comprensibile anche senza audio. Un modo per farlo è pianificare il video senza audio e compensare con elementi visivi. Se il video è in modalità silenziosa, aggiungi testo o sottotitoli in modo che gli spettatori possano leggere il dialogo o il voiceover. Il testo può anche enfatizzare ulteriormente il voiceover o il dialogo, come l'aggiunta di testo alternativo per le immagini.

E poi è sempre bene aggiungere il dialogo per le persone con disabilità uditiva ed assicurati anche che il tuo video abbia i sottotitoli per garantire l'accessibilità. Tenendo presente questi suggerimenti, sarai in grado di creare video che catturano l'attenzione e funzionano sui social media. E se stai cercando di creare contenuti unici ed esclusivi per i tuoi follower, considera di fare una diretta.

La maggior parte delle piattaforme di social media, tra cui Instagram e Facebook, consente di trasmettere in diretta con video in streaming. Puoi condurre interviste, chattare con il tuo pubblico, rispondere alle domande nei commenti e persino promuovere un'azione specifica, come una raccolta fondi, durante la diretta. Infine, ricorda di divertirti mentre pubblichi video. Anche se può sembrare un'attività formale e strutturata con script e studi, i social media sono pieni di persone comuni che si sentono a loro agio nel pubblicare video ovunque e in qualsiasi momento, su tutti i tipi di contenuti. Anche le aziende stanno adottando un approccio più informale e personale per connettersi con i loro follower. Inizia a sperimentare con i video nella tua strategia di social media e osserva come può rendere più forte il tuo coinvolgimento. Ora hai una buona comprensione degli elementi fondamentali che caratterizzano la pubblicazione sui social media, quindi è il momento di mettere in pratica quanto hai imparato. Nel progetto che seguirà, creerai i tuoi post.

Parola d'ordine? Divertiti!

A questo punto mettiamo tutto insieme e torniamo da Carlo di "ForPets".

Immaginiamo di aiutarlo a creare alcuni post sui social media e faremo lo stesso con Anna di "FlowPower".

Cominciamo!

Iniziamo con il valutare su quali obiettivi sta lavorando Carlo per "ForPets"? Ha dedicato del tempo a pubblicare video divertenti e tutorial per aumentare l'interazione tra i suoi follower. Carlo ha appena lanciato una nuova app mobile che include uno strumento di pianificazione, consigli sulla cura e la salute degli animali domestici e altro ancora. Vorrebbe che i suoi follower scaricassero l'app e vuole creare alcuni post sui social media per diffondere la notizia. Carlo pubblicherà prima sul suo pubblico di Facebook.

A questo punto è necessario porsi delle domande prima di iniziare. Prima di tutto che tipo di post dovremmo creare? In che modo vogliamo coinvolgere il nostro pubblico? Sicuramente vogliamo ottenere un'azione, ovvero il download dell'app, quindi possiamo includere sicuramente un link.

Ma è sufficiente?

Da quanto abbiamo imparato, sappiamo che dobbiamo aggiungere un'immagine o un video per catturare l'attenzione delle persone e dobbiamo raccontare una storia. Se stiamo fornendo valore e utilità tramite l'app, non solo informazioni utili, ma anche un modo più facile per prenotare un appuntamento, potremmo voler includere qualcosa che affronti questo aspetto nella nostra copia del post.

Infine, che tipo di contenuto si adatta al brand?

Alcuni mesi fa, la nipote di Carlo ha iniziato a scattare alcune foto per il suo corso di fotografia e il suo cane Ken. Carlo le ha pubblicate sui suoi profili dei social media e hanno ottenuto molti like, più di altri suoi post. Quindi Carlo ha chiamato di nuovo sua nipote per creare altre foto.

Ecco alcune foto che la nipote di Carlo ha creato, tutte con Ken come protagonista.

Questa sarà la nostra pubblicazione su Facebook. La nipote di Carlo ha creato un'immagine con quattro pannelli in modo che i follower possano vederla nel suo insieme mentre scorrono le immagini. Raccontiamo una storia nel post. Ma aggiungiamo altro al testo. Pensiamo a come essere brevi e coinvolgenti. Ripensando a ciò che abbiamo imparato sulla creazione del testo del post, questa è un'opportunità perfetta per presentare un problema e offrire una soluzione.

Tuttavia, dobbiamo ricordarci di non essere troppo commerciali elencando tutte le funzionalità dell'app. Certamente potremmo farlo, ma vogliamo connetterci su una base personale e offrire una soluzione a un problema, come la prenotazione di un appuntamento con una mano sola. Scriviamo il seguente testo da abbinare alle foto:

> *"Come proprietari di animali domestici, sappiamo quanto sia complicato prenotare un appuntamento per la toelettatura. Scarica la nostra nuova app mobile oggi stesso e prenota il tuo prossimo appuntamento con una mano sola. [link all'app]".*

Un post semplice che sfrutti le immagini, che si relazioni all'esperienza dei follower, che utilizzi la parola "tu" per connettersi con loro e che abbia un chiaro invito all'azione. Successivamente, aggiungeremo un link al sito web dove abbiamo ulteriori informazioni sull'app e i link a tutti i negozi di app mobili in cui siamo ospitati. Una volta sul nostro sito, potrebbero dare un'occhiata. Aggiungiamo altre informazioni, includendo una menzione pubblicitaria al proprietario del gruppo di Facebook dove abbiamo iniziato a pubblicare perché sappiamo che lo condividerà con il gruppo. Aggiungiamo la nostra posizione in modo che i follower possano vedere il nome dell' attività nuovamente. Infine, vogliamo pubblicarlo quando la maggior parte dei follower è su Facebook e lo vedrà, possibilmente nella prima serata subito dopo il ritorno dei follower dal passeggiare i loro cani. Rendiamolo divertente e accattivante. È qualcosa con cui i proprietari di cani si possono identificare e che vogliono condividere con altri proprietari di cani. Crea un post su Facebook per "FlowPower", la nostra attività di abbonamento floreale dai nostri precedenti insegnamenti. Anna ha iniziato un blog per condividere la sua esperienza, competenza e intuizioni creative con il mondo e vuole promuovere il suo nuovo articolo "Guida per regalare fiori durante le festività". L'obiettivo di Anna è ottenere lettori, ma naturalmente ha anche dei link a pacchetti natalizi che vende nell'articolo, quindi i lettori potrebbero convertirsi anche in vendite. Già sappiamo che vogliamo includere un link all'articolo e posizionarlo come una soluzione per chi non sa cosa regalare. Creiamo il nostro post. Questa volta racconteremo la nostra storia nella scrittura e vogliamo iniziare con un titolo accattivante. "Stai cercando il regalo perfetto" potrebbe essere un buon primo abbozzo, ma è già stato detto e probabilmente non attirerà l'attenzione di nessuno. Cosa ne pensi di:

"Regalagli un dono che nessun altro penserà"?

È diretto, sicuro di sé e ha un sottinteso "a te" per rivolgersi al pubblico e suggerire una soluzione a un problema che il lettore potrebbe avere. Anche io sono rimasto senza opzioni di regali unici in passato.
Quindi, qualcosa come:

"La nostra guida per regalare fiori durante le festività assicurerà che quest'anno il tuo regalo sia il preferito da tutti"

Farà in modo che il tuo regalo sia il preferito durante le festività. Abbiamo quindi toccato un po' l'aspetto emotivo. Ora vogliamo aggiungere il link al post e, dato che abbiamo un'immagine bellissima nell'articolo del blog, non dobbiamo preoccuparci di aggiungere un'altra immagine, verrà automaticamente visualizzata. Nota che l'immagine ha un soggetto chiaro, è ben illuminata, colorata e accattivante. Aggiungiamo anche alcuni hashtag, poiché sappiamo che hanno funzionato in passato:
"Guida regali festività, fiori festivi, regali necessari"

Aggiungiamo anche la nostra posizione in modo che le persone possano vedere nuovamente il nome dell'azienda. Questo post fa la cosa migliore che puoi fare per coinvolgere i tuoi clienti: offre loro valore fornendo consigli su come acquistare fiori e regalarli. Anna sarà in grado di tracciare chi clicca sull'articolo del blog e chi acquista pacchetti natalizi tramite il post, ma anche se qualcuno non acquista questa volta, potrebbe ricordare l'articolo del blog alla prossima festività perché il suo contenuto è prezioso, aumenta la fiducia, la consapevolezza e la fedeltà al brand. Il contenuto è sicuramente condivisibile. Questi sono solo alcuni degli approcci tra i tanti che potremmo adottare per creare contenuti per queste due attività su Facebook. Carlo e Anna dovranno utilizzare il monitoraggio e le analisi per vedere se funzionano, ma quello che abbiamo fatto è creare post pensati che si allineano al brand, lavorando per raggiungere gli obiettivi, sono accattivanti e unici e aiuteranno a promuovere ulteriormente ogni brand.

Creiamo un post per loro su Instagram ora.

Aiutiamo Carlo e Anna a creare dei post per i loro account Instagram. Carlo sta sempre lavorando per aumentare l'interazione con i suoi follower e aumentare la consapevolezza del suo brand. Carlo sa anche che il suo pubblico su Instagram è diverso. È un mix di persone del quartiere, ma a differenza di Facebook, che tende ad avere un pubblico più locale per lui, Instagram ha persone provenienti da tutto il mondo. Solitamente lo seguono per le foto divertenti degli animali domestici e brevi video tutorial sulla toelettatura. Anche se potrebbero non essere clienti di persona, Carlo sa che ottiene traffico di e-commerce da Instagram.

Un posto su Instagram come abbiamo ampiamente spiegato sviluppa la sua strategia puntando sull'immagine per cui la prima scelta da fare sarà quella di un'immagine accattivante e che indirizzi i suoi interlocutori verso il sito web.

Il primo passo da fare è quello di scegliere l'immagine, successivamente descrivere con un testo breve che inviti il pubblico all'interazione. Per cui subito dopo immagine e testo focalizziamo l'attenzione sulla CTA e infine ricordiamoci sempre di aggiungere la nostra posizione in modo che i nostri follower possano ricordarsi della nostra attività, anche se questo post potrebbe sembrare solo una vetrina di prodotti. In realtà, fa qualcosa di più.

Questo post mostra che "ForPets" sta prendendo decisioni commerciali che si allineano ai loro valori. Anna, invece, è un'artigiana che crea mazzi di fiori fatti a mano, quindi avrebbe senso collaborare con un'altra azienda artigiana locale. Il post che è possibile realizzare per lei, dimostra anche che "FlowPower" apprezza e sostiene la sua comunità locale, un valore che risuonerà con i suoi follower. Dimostra inoltre che Anna desidera offrire valore ai suoi clienti offrendo regali unici. Questi sono solo due dei molti tipi e stili di post che potremmo creare per queste due attività.

Mentre leggevi questi passaggi che potremmo definire "tecnici", sono certa che hai pensato a diverse modalità di creazione.

Ora, prendi ciò che hai imparato e inizia a metterlo in pratica oggi stesso anche nei tuoi post sui social media. Del resto anche tu puoi rappresentare un brand immediatamente, ovvero il essere il brand di stesso.

Hai acquisito competenze a sufficienza per identificare i componenti principali dei post sui social media su diverse piattaforme e sai come crearne di efficaci.

Sai come creare post per un'azienda su Facebook e su Instagram. Sai anche cosa tenere a mente quando crei il testo dei tuoi post e puoi creare immagini e video per i tuoi post come un professionista.

CAPITOLO 5
Creazione di un calendario editoriale

5.1 La gestione dei contenuti

Siamo ormai quasi alla fine del nostro viaggio insieme.

Una delle cose che più mi piace di un percorso, sia stato esso individuale o condiviso con qualcuno è sempre quella di fermarmi, ad un certo punto e di guardarmi indietro e vedere quanta strada ho percorso.

Anche in questo caso posso dirti che ne abbiamo fatta di strada insieme, dal primo capitolo fino al quinto. Insieme abbiamo detto molte molte cose e immaginato di creare una realtà digitale che possa lasciare tutti a bocca aperta. Questo è lo spirito giusto con cui ti invito a proseguire la lettura, per capire poi, tutto questo lavoro dove ci porta? Oltre ad essere un viaggio dentro noi stessi, attraverso quelle domande che affollano la mente in cerca di risposte, è un viaggio per portare quel qualcosa di magico che abbiamo dentro, quell'energia che ci fa alzare ogni giorno dal letto, quell'amore che ci spinge a non darci per vinti, fuori da noi stessi, per portare un messaggio di unicità e straordinarietà del nostro talento. Il mio percorso di preparazione ti da delle nozioni, delle informazioni che oggi potresti trovare ovunque, in rete o sugli altri testi e manuali come questo. Ma più di tutto spero di averti trasmesso un pezzetto dell'emozione che mi ha accompagnato nella stesura di questo libro, spero per un attimo di averti portato nel mio mondo. E ora arriva il bello, ora tocca a te.

Prima di continuare, se hai qualche dubbio ti invito a rileggere i vari passaggi perchè è perfettamente comprensibile che siano articolati o qualche frase che ti ha colpito e ti ha emozionato che hai evidenziato, sottolineato, insomma quello che ti pare e che ti possa aiutare ad acquisire nuovamente la concentrazione per continuare in questo percorso in un aspetto tecnico fondamentale che poi rende questo lavoro davvero incredibilmente smart.

Vediamo come gestire al meglio tutti i fantastici contenuti che crei come social media marketer. Dovrai pubblicare e gestire molti contenuti, quindi dovrai trovare idee e modi per creare post efficaci. In questo capitolo ti aiuterò con tutto ciò. Esamineremo diverse categorie di contenuti che incontrerai di solito sui social media. Discuteremo idee su cosa puoi pubblicare e modi per creare i tuoi post.

Alla fine di questo capitolo, saprai anche come creare e gestire un calendario editoriale e imparerai a costruire un seguito e a mantenere la conversazione sui tuoi social media. Ci sono molte cose interessanti da scoprire, quindi concentriamoci e cominciamo subito.

Non c'è niente di più spaventoso di uno schermo bianco quando ti siedi per scrivere o creare.

Da dove verrà la prossima idea per un post? E se mi mancassero le idee? Funzioneranno? Come racconto una storia in poche frasi? E come faccio a sapere che sarà interessante?

Queste sono alcune delle grandi domande che possono essere spaventose persino per i social media manager più esperti.

In questo manuale ti fornirò un approccio che può aiutarti a decidere che tipo di post creare, come creare contenuti che funzionano su ogni piattaforma e come alleggerire la costante creazione di nuovi contenut. Ricordiamoci sempre di partire dal nostro obiettivo principale, vogliamo creare valore per il nostro pubblico sui social media e creare post che li mantengano impegnati.

Quindi, che tipo di post sarebbe prezioso per loro?

I contenuti accattivanti sui social media di solito rientrano in una di queste tre categorie principali. In primo luogo, ci sono i post educativi, che insegnano, aggiornano o informano. In secondo luogo, ci sono i post ispirazionali, che fanno sentire bene o spingono le persone ad agire. In terzo luogo, ci sono i post divertenti e divertenti, che presentano un brand in modo umano e vivace. Pensate ai post che avete apprezzato o condiviso di recente, probabilmente rientrano in una di queste tre categorie. Quindi, come primo passo per pensare ai contenuti dei social media, rifletti su queste categorie e chiediti se puoi creare contenuti che rientrino in una di esse. Prima di iniziare a creare contenuti, è utile riflettere sul formato dei tuoi post. Ricorda che ci sono due tipi di contenuti che puoi creare per i social media. Puoi creare contenuti organici, che sono contenuti creati per post e tweet in cui interagisci con il tuo pubblico come un utente comune. Puoi stimolare l'interazione e la conversazione tramite contenuti organici ed è anche gratuito. L'altro tipo di contenuto è il contenuto a pagamento, come un annuncio o un endorsement a pagamento. Questo tipo di contenuto può mirare specificamente a determinate demografie e apparirà nel feed degli utenti che corrispondono ai tuoi criteri. I post a pagamento possono sfruttare il lavoro che hai fatto attraverso le interazioni organiche, ma nei social media, basati sull'interazione sociale, avere solo contenuti a pagamento potrebbe non essere l'approccio giusto. Conoscere le tue piattaforme prima di pubblicare è fondamentale, poiché vuoi assicurarti che i tuoi contenuti siano integrati o che si mimetizzano con l'aspetto nativo della piattaforma.

E' fondamentale che il post sia integrato perfettamente nella cultura, ad esempio un hotel che pubblica una foto della splendida vista dal balcone sarebbe considerato un contenuto nativo di Instagram, mentre l'hotel che pubblica un annuncio come si vedrebbe in un volantino della domenica non lo sarebbe.

È importante riflettere sulla piattaforma in cui pianifichi di pubblicare i tuoi contenuti e assicurarti che i tuoi post siano adatti.

Quindi, cosa viene considerato contenuto nativo per ogni piattaforma?

Abbiamo discusso in modo più dettagliato delle principali piattaforme dei social media, il che probabilmente ti ha dato un'idea di come sono i tipici post in ognuna di esse, ma vediamo alcuni esempi in più. Considera Facebook come il classico sito di social media in cui puoi pubblicare su argomenti diversi, come una storia della comunità, un aggiornamento aziendale o la condivisione di un articolo, con diversi formati come immagini o video. Poiché Instagram è orientato alle immagini, anche i tuoi post dovrebbero esserlo, lo stesso vale per Pinterest ad esempio. Su Twitter, le immagini e i video sono ottimi da avere, ma la piattaforma è sempre stata basata sul testo. LinkedIn è focalizzato sulla networking professionale e sulle notizie di settore mentre Tik Tok è un sito divertente basato solo sui video. Infine, conoscere la piattaforma è particolarmente importante se desideri avventurarti in spazi di social media di nicchia come Twitch, DeviantArt o Nextdoor.

Ora sappiamo le tre categorie di contenuti in cui rientrano i post più coinvolgenti e sappiamo che dobbiamo adattare i nostri post alla piattaforma in cui intendiamo pubblicare, ma di cosa dovresti parlare nei tuoi post?

La sfida consiste nel trovare contenuti unici per il tuo pubblico, in diversi modi di raccontare storie e in diversi formati. Ci sono molti approcci diversi che puoi adottare per i tuoi post e ne parleremo di più nella nostra prossima lezione, ma pensa a fare alcune delle seguenti cose: condividere contenuti dal tuo sito web, creare video dietro le quinte, presentare dipendenti o membri del tuo pubblico, promuovere eventi futuri, creare contenuti legati alle festività o eventi, realizzare un video tutorial, coinvolgere il pubblico con una domanda, organizzare un regalo o un concorso, partecipare a una sfida basata su hashtag, pubblicare citazioni motivazionali, fare una diretta per mostrare un nuovo prodotto. Come puoi vedere, ci sono molti tipi di contenuti creativi che puoi pubblicare e ci sono molti altri che la tua azienda potrebbe ideare. L'importante è ricordare di provare argomenti diversi, perché se ti attieni a un solo tipo di post, ti stancherai rapidamente.

Per cui devi sempre considerare di dover pubblicare almeno una volta al giorno o più a seconda della piattaforma, ma da dove arriveranno tutti questi contenuti?

La buona notizia è che non devi creare nuovi contenuti unici per ogni tuo post. Gran parte dei tuoi contenuti può e dovrebbe essere curato da altre persone. Curare contenuti creati da altre persone che puoi condividere con il tuo pubblico è una parte importante della tua strategia dei contenuti. Questi possono essere articoli, aggiornamenti di notizie, storie, video, infografiche, davvero qualsiasi cosa, e possono provenire da siti web, altri account dei social media o dagli utenti stessi. Ci sono alcune ragioni per cui dovresti condividere contenuti curati.

Mostra che sei nel dibattito sui social media e che condividere e commentare crea l'interconnessione dei social media. Inoltre, dimostra che sai cosa sta succedendo nel tuo settore e ti posiziona come un'autorità se condividi contenuti di valore sull'industria con i tuoi utenti. Inoltre, è un modo per mostrare ad altre aziende o organizzazioni del tuo settore che ci sei e potrebbero condividere i tuoi contenuti in cambio, il che è un modo per far crescere il tuo pubblico. Infine, ti solleva dalla pressione di dover creare più contenuti, ma curare i contenuti da condividere richiede un certo impegno, poiché devi tenere d'occhio chi pubblica cosa nel tuo settore. Man mano che aumenti la tua presenza nel tuo ambito, troverai altre aziende affidabili come la tua, i cui contenuti continuerai a consultare. Condividi quei contenuti con il tuo pubblico. Ad esempio, una libreria potrebbe condividere le raccomandazioni di altre librerie o una casa editrice potrebbe condividere contenuti dal New York Review of Books o da altri siti web e organizzazioni letterarie, per citare un esempio a livello globale. Inoltre, tieni d'occhio le notizie, le riviste e le newsletter, imposta gli avvisi di Google per farti segnalare contenuti interessanti o utilizza un'app di cura dei contenuti come Feedly o Pocket per raccogliere diversi articoli e post che desideri condividere.

Quando condividi un pezzo di contenuto, non limitarti a pubblicarlo senza contestualizzare. Spiega sempre perché ti piace, citalo o fai una domanda a riguardo e non dimenticare di menzionare l'autore del contenuto.

Ciò dimostra che sai come funzionano i social media e che desideri avviare una conversazione. Parte del tuo contenuto curato dovrebbe essere anche la condivisione di ciò che fa il tuo pubblico o la condivisione di contenuti generati dai tuoi clienti. Condividendo i loro contenuti, mostri che stai prestando attenzione ai tuoi follower e aggiungi un po' di umanità al tuo brand mostrando la cultura più ampia del tuo marchio. Non dimenticare che se sei a corto di idee, puoi sempre proporre contenuti già esistenti. Riprendi vecchi post di blog o articoli e prova a promuovere questi contenuti nuovamente, estrai alcuni punti salienti da un report generato dalla tua azienda l'anno scorso e crea contenuti attorno ad essi. Puoi persino condividere contenuti su altri canali che non hai condiviso inizialmente.

Condividi contenuti dal tuo sito web, come un post del blog, un articolo o un podcast, che siano informazioni utili di interesse per il tuo pubblico. Scrivi un riassunto e includi un link o, invece di un riassunto, prendi una citazione dal post a cui stai facendo riferimento. Un esempio immediatamente calzante viene dall'Harvard Business Review, che, tempo fa ha pubblicato un articolo focalizzato sulla ricerca di lavoro in cui evidenziano che non è necessario soddisfare tutti i requisiti richiesti prima di candidarsi per un lavoro. Questo articolo poi è stato condiviso su LinkedIn, che è un Social Media prettamente dedicato al lavoro, ottimo consiglio tra l'altro. Un altro esempio viene da Microsoft Teams, che ha scritto un post sul blog su come utilizzare gli effetti di sfondo nelle riunioni di team online e lo hanno twittato.

Crea un post sul dietro le quinte del tuo luogo di lavoro, in modo che il tuo pubblico possa dare un'occhiata dietro le quinte. Fai un tour della tua stanza degli stock o della cucina, ad esempio, o mostra il dietro le quinte di come stai organizzando un evento imminente. Mostra una giornata nella vita di un dipendente in modo che il tuo pubblico possa avere un'idea dell'altro lato del tuo business. Se vuoi osare, fai un video sul dietro le quinte come fa SpaceX, che spesso mostra cosa succede dietro le quinte sul loro account Instagram. Esempio perfetto? City Winery Boston su Facebook parla di cosa succede durante la stagione del raccolto.

Parlando di dipendenti, mostrali nei tuoi post mentre lavorano. Fallo mostrando loro che presentano un prodotto o un servizio al tuo pubblico o fai in modo che uno di loro si prenda cura dei tuoi account social per un giorno. Di nuovo, è un modo per umanizzare la tua azienda e costruire fiducia tra il tuo team e il tuo pubblico. Casper, l'azienda di materassi, presentata da Caroline, uno dei loro dipendenti.

Usa i social media per promuovere gli eventi futuri che organizzi. In effetti, crea un evento su Facebook, dato che molte aziende usano gli eventi di Facebook come un calendario degli eventi, indipendentemente dal fatto che siano molto attive su Facebook o meno. Crea entusiasmo pubblicando gradualmente post sull'evento attraverso i tuoi canali di social media, come interviste con i partecipanti, collegamenti ad articoli o informazioni sui partecipanti, o offerte e promozioni se ci sono biglietti coinvolti. Ad esempio una pagina evento su Facebook per una firma di libri. Oppure post su Instagram che annuncia un "Ask Me Anything" in diretta con un personaggio famoso che si terrà però su YouTube.

Crea contenuti legati alle festività o agli eventi speciali in arrivo, come ad esempio il Super Bowl o il giorno delle elezioni. Assicurati di tenerti aggiornato sulle giornate speciali nel tuo settore, come il National Ice Cream Day o il giorno delle librerie indipendenti, e inseriscile nel tuo calendario editoriale per assicurarti di non perderle

Se hai un prodotto o un servizio da offrire, crea un video tutorial che mostri come viene utilizzato o come funziona. Ad esempio, puoi mostrare come utilizzare un'app per ordinare un'auto condivisa, come preparare una ricetta di un pasto in una scatola o come sono gli allenamenti nella tua nuova palestra. Non sai mai quanti potenziali clienti potresti aver perso perché non sapevano come funzionasse il tuo prodotto. Ecco alcuni esempi:

1)   Uber ha pubblicato un tutorial su Facebook su come richiedere un'auto per un ospite;

2)   Hello Fresh ha pubblicato un post in cui spiegano come preparare una delle ricette della loro scatola pasto;

3)   TikTok ha lanciato un tutorial che mostra come usare TikTok.

Fai una domanda al tuo pubblico per poterlo coinvolgere. Incitalo a rispondere nei commenti o fai un sondaggio. Questo favorisce l'interazione con il pubblico e può generare conversazioni divertenti. Assicurati però di rispondere ai commenti. Puoi anche fare una diretta e fare un "Ask Me Anything" in cui il tuo pubblico può pubblicare i suoi pensieri in tempo reale.

Organizza un giveaway o un concorso attraverso i tuoi canali di social media. Incentiva il tuo pubblico non solo a inviare la loro candidatura, ma anche a creare contenuti originali, come una foto con il tuo prodotto, che potresti utilizzare per future promozioni. Crea un hashtag specifico per il concorso o crea un codice promozionale solo per il pubblico di un determinato canale.

Crea contenuti legati a hashtag popolari come Throwback Thursday o Motivational Monday, che sono hashtag e contenuti cercati e attesi. Pubblicare un post per il Throwback Thursday può fornire al tuo pubblico uno sguardo divertente al passato.

Mostra la personalità dietro il tuo marchio o la tua organizzazione e divertiti partecipando all'hashtag "Challenge" su TikTok, ad esempio, o creandone uno tuo. Ad esempio "Lush", l'azienda di saponi, che partecipa all'hashtag challenge "Don't Be Suspicious" su TikTok. Oppure MBTA, il servizio di trasporto pubblico in Usa che ha pubblicato una vecchia fotografia della stazione di Boston sul loro account Instagram per il Throwback Thursday con l'hashtag TBT.

Hai un rapporto o una white paper con informazioni del settore che potrebbero interessare il tuo pubblico?

Condividilo, pubblica alcuni grafici o infografiche per catturare la loro attenzione, condividi citazioni dal rapporto o incoraggia le persone a dargli un'occhiata con una domanda "sapevi che?".

Ad esempio "Consumer Reports" ha twittato uno studio sulle macchine per il caffè, e su Instagram "Column 5", un'agenzia creativa, ha pubblicato un post riguardo a uno studio sul brand dei datori di lavoro che hanno condotto.

Stare al passo con i social media è altrettanto importante quanto pubblicare sui social media.

Sii consapevole delle tendenze nello spazio dei social media, che possono essere sia piccole come un hashtag popolare, sia grandi come rispondere a un evento sociale importante, e partecipa alla conversazione con domande, materiali educativi o affermazioni. Fornire risorse e commenti sull'industria può anche posizionarti come un leader nel settore. Mentre stiamo registrando questo video, si avvicinano le elezioni negli Stati Uniti. Ecco un post su Instagram di "Ben & Jerry's" che incoraggia le persone a votare, e questo è un post di "Starbucks" correlato al movimento Black Lives Matter e alle proteste che sono avvenute negli ultimi anni.

Un modo per attirare l'attenzione del tuo pubblico mentre scorrono è proporre citazioni ispiratrici. Puoi farlo semplicemente tramite testo o utilizzando un'app come "Canva", ad esempio, per creare un'immagine con testo che esalterà ancora di più su piattaforme ricche di immagini. Nota che entrambi i post sono su Instagram, che di solito è una piattaforma ricca di immagini, ma creando un'immagine basata sul testo puoi distinguerti.

Metti in evidenza i tuoi clienti, presenta un cliente della settimana o del mese e condividi la sua storia con il tuo pubblico, o fai testimoniare un cliente sul tuo prodotto o servizio che puoi condividere. Un esempio viene da "Southwest Airlines", che pubblica un post con due dei loro giovani clienti, oppure "Gap", che su Instagram pubblica una foto di una cliente con uno dei loro vestiti.

A causa della natura organica dei social media, le aziende stanno ottenendo successo promuovendo i loro prodotti o servizi attraverso collaborazioni con influencer. Crea contenuti sponsorizzati con loro o fai in modo che prendano temporaneamente il controllo dei tuoi account sui social media per un giorno, in modo che il loro pubblico venga esposto alla tua attività. Un esempio su Instagram è quello di una influencer gastronomica, "Chicago Food Authority", che promuove un sandwich di "Butterfly Kitchen". Nota l'hashtag "sponsored" in fondo al post, che indica che "Butterfly Kitchen" paga l'influencer per questo post. Un altro esempio? Il takeover da parte della influencer Hannah Bronfman dell'account "Snapchat" di Sephora, in cui Hannah sta promuovendo i prodotti di trucco Clinique.

Se stai lanciando un nuovo prodotto, comunicalo al mondo attraverso i tuoi canali di social media. Assicurati di presentarlo con una storia, racconta al tuo pubblico il problema che volevi risolvere e come questo nuovo prodotto ha risolto quel problema. Ecco un esempio di Skullcandy che presenta nuove cuffie wireless, e questo è un esempio di Volkswagen che presenta un concept per una nuova auto elettrica.

Utilizza un po' di umorismo per coinvolgere il tuo pubblico e farli sorridere. Puoi scherzare in modo spiritoso anche con altre aziende per mostrare che il tuo marchio sa come divertirsi e accettare uno scherzo. Un esempio è il post di "Princess Anne" che mostra alla regina d'Inghilterra come utilizzare Zoom, condiviso su Facebook da "The Independent", oppure "Dunkin' Donuts" che si diverte un po' con le persone come me, che preferiscono il caffè caldo anche con il caldo estivo.

Aggiungi anche un po' di cultura pop ai tuoi post sui social media. Potrebbe sembrare strano pubblicare su un nuovo album, una serie TV o un videogioco quando la tua attività non ha nulla a che fare con questi argomenti, ma mostra che come marchio sei aggiornato sulle cose che interessano al tuo pubblico. Inoltre, ti conferisce un po' di credibilità umana. Un esempio di un post di "GrubHub" su Facebook con un riferimento a una popolare serie TV di "Netflix", "Orange Is the New Black", oppure il post di Facebook di Purple, l'azienda di materassi, che fa riferimento alla popolare serie TV "The Office".

Condividi contenuti selezionati come articoli, post di blog e altri contenuti di valore che altre aziende, organizzazioni e leader di pensiero del tuo settore hanno condiviso. Questo non solo dimostra che stai prestando attenzione al tuo settore, ma essendo una fonte di informazioni, ti posiziona come un'autorità e può anche ampliare il tuo pubblico e creare relazioni con le aziende le cui contenuti hai condiviso.

Assicurati di condividere contenuti generati dagli utenti, in quanto non solo dimostrano che stai prestando attenzione al tuo pubblico, ma condividendoli puoi mostrare l'uso quotidiano del tuo prodotto o servizio. Raccontano anche la storia del tuo marchio attraverso i tuoi clienti o utenti, non solo attraverso te. Ad esempio "Hamilton", il musical, ha condiviso questo tweet da un fan, mentre "Tasty Burger" ha pubblicato una foto scattata da un cliente.

Nulla ti vieta di condividere contenuti più vecchi che potresti avere sul tuo sito. Rimanda le persone a contenuti ancora rilevanti per riutilizzarli o prendi tutto il tuo contenuto e dividilo in nuovi post con liste dei migliori 10 o altri consigli e suggerimenti. Scava nel tuo archivio per trovare contenuti interessanti per il tuo pubblico.

Indirizza il tuo pubblico verso una causa o un'organizzazione benefica che il brand sostiene. Condividi la loro storia o collabora con loro per creare contenuti originali. Non solo dimostra che il tuo business è incline a dare, ma crea anche un nuovo pubblico per la causa o l'organizzazione benefica. Un esempio è "Wendy's" che ha twittato sulla loro iniziativa a sostegno delle università degli studenti di colore.

Ricordati sempre di ringraziare il tuo pubblico quando raggiungi un traguardo di follower o al termine di una campagna. Un po' di gratitudine fa sempre piacere, soprattutto perché dimostra al tuo pubblico che il marchio è composto da persone grate per l'attenzione ricevuta. Puoi anche inserire un codice promozionale improvvisato come regalo di ringraziamento. Infine, pubblica qualcosa da vendere. Mostra un prodotto o un servizio offerto con un link per acquistarlo. Le piattaforme dei social media stanno iniziando a inserire pulsanti di acquisto nei loro post, in modo che i follower possano essere indirizzati direttamente a una pagina di acquisto per fare l'acquisto. Naturalmente, non dovresti vendere in ogni post, ma è perfettamente normale farlo regolarmente in combinazione con altri post focalizzati sull'interazione con il tuo pubblico. un esempio è "Love Pop" che mostra alcune delle loro cartoline pop-up e un altro esempio di Boston General Story che presenta i loro bouquet per la festa della mamma.

Come puoi vedere, ci sono molti tipi diversi di contenuti creativi che puoi pubblicare, e il brand potrebbe pensarne molti altri.

L'importante è ricordarsi di provare argomenti diversi, perché attenersi a un solo tipo di post diventerà presto monotono. La creazione di contenuti sui social media riguarda la narrazione di storie.

5.2 Lo storyboard

A questo è doveroso soffermare la nostra attenzione su una tecnica che rende più facile creare storie: lo storyboard. Non sorprende che l'idea di storyboard sia iniziata con Disney.

E' Webb Smith, un animatore, accreditato come il creatore del primo storyboard, che consisteva in semplici schizzi che rappresentavano le scene di un cartone animato appesi a una lavagna. Questa tecnica di pianificazione dei contenuti fu adottata da Disney e il primo cartone completamente "storyboardato" fu "I tre porcellini" nel 1933.

Grazie al valore che lo storyboard forniva alle loro produzioni, Disney assunse artisti dello storyboard dedicati e creò un dipartimento dedicato allo sviluppo delle storie.

I registi capirono che lo storyboard poteva essere utile per pianificare le scene e le inquadrature dei film dal vivo, non solo dei cartoni animati. Il primo film live-action completamente "storyboardato" fu "Via col vento" nel 1939. Anche Alfred Hitchcock fece ampio uso dello storyboard nella sua filmografia, "storyboardando" molti dei suoi classici, tra cui "Psycho" e "Gli uccelli".

Lo storyboard non è solo per il cinema o la TV, ma ha un posto anche nel marketing dei social media. In questo paragrafo studieremo come lo storyboard può aiutarti a creare migliori contenuti sui social media. Uno storyboard è semplicemente una rappresentazione visiva della tua storia, suddivisa in una serie di blocchi o riquadri disposti in ordine della storia che vuoi raccontare. Puoi considerarlo come una striscia a fumetti per i tuoi contenuti o come una bozza per ciò che stai per creare. lo storyboard è anche un ottimo modo per capire se la tua storia o il tuo concetto funzioneranno prima di impegnare tempo, denaro ed energia per realizzarli. Se funziona, hai una dettagliata rappresentazione visiva che puoi usare per creare il tuo contenuto. Se non funziona nel tuo storyboard, puoi tornare alla fase di bozza e riorganizzare, riscrivere o ricreare.

Iniziare a creare uno storyboard è un modo per creare coinvolgimento con i nostri post sui social media con l'obiettivo di educare il nostro pubblico, aumentare il traffico sul nostro sito web o effettuare una vendita. Inoltre, quale storia vogliamo raccontare. Quindi, per questo storyboard, terremo a mente l'educazione, l'ispirazione e l'acquisto. Racconteremo come Anna crea un bouquet di fiori.

Ci sono strumenti e app disponibili, ma per il nostro storyboard useremo un semplice foglio di carta. Creiamo i nostri riquadri o pannelli.

Dato che stiamo progettando per le storie di Instagram, renderemo i nostri pannelli rettangolari per imitare lo schermo del telefono. Poiché vogliamo raccontare una storia, diamo un titolo ai nostri riquadri con i passaggi che vogliamo includere, dalla scelta di uno schema di colori per i fiori all'organizzazione e all'incarto dei gambi. Di solito, Anna inizia il suo processo decidendo uno schema di colori per il suo bouquet, quindi riflette su cosa è di stagione. Poi va al mercato dei fiori, esamina la selezione e sceglie i fiori che funzioneranno per il suo bouquet.

Poi taglia i gambi nel modo giusto, li organizza in un bouquet, aggiunge qualche altro stelo per un effetto in più e poi avvolge i gambi. Abbiamo un ottimo sviluppo di storia qui, ma vogliamo assicurarci di includere un blocco di apertura con un titolo e un'ambientazione per far sapere al nostro pubblico cosa stanno per vedere. Aggiungiamo questo pannello all'inizio. Vogliamo anche avere una chiamata all'azione dopo che il bouquet è stato creato, che potrebbe essere qualcosa come "Acquista questo bouquet oggi" o "Scopri altri bouquet".

Aggiungiamo un altro pannello alla fine che sarà la nostra chiamata all'azione e che conterrà un link al nostro sito web.

Iniziamo a schizzare i pannelli per il nostro storyboard in modo da poter visualizzare visivamente come apparirà la nostra storia di Instagram. Già possiamo vedere che alcuni dei pannelli assomigliano ad altri e, dato che la nostra storia di Instagram sembra già lunga, avere nove riquadri significa che i nostri follower dovranno guardare nove segmenti diversi. A questo punto riduciamo alcuni. Inizialmente pensavamo di utilizzare solo immagini statiche, ma ora che stiamo creando il nostro storyboard, potrebbe essere più coinvolgente averle come brevi video. E poiché sappiamo cosa vogliamo in ogni video, sarà molto più facile girarli una volta che iniziamo. Forse vogliamo includere un voice over nei video. Possiamo iniziare a redigere la sceneggiatura anche nel nostro storyboard. In realtà, ricordando che la maggior parte dei video viene riprodotta senza audio, potrebbe essere una buona idea non avere un voice over. Inseriamo invece del testo nel video. Oltre al testo, vorremmo aggiungere degli adesivi su quei video, quindi includiamo anche nel nostro storyboard.

Assicuriamoci di non dimenticare nulla nel pannello di chiusura, includiamo gli hashtag che vogliamo utilizzare, redigiamo il testo della chiamata all'azione e verifichiamo che il link sia corretto. Il nostro storyboard è completo.

Non solo abbiamo ora un outline dettagliata per la nostra storia di Instagram, ma siamo stati attenti nell'approccio alla creazione di questo contenuto. Sarà un lavoro unico, educativo e accattivante che, speriamo, spingerà il nostro pubblico a cliccare per scoprire di più su "FlowPower".

Come puoi vedere dall'esercizio, ci sono grandi vantaggi nel creare uno storyboard per il tuo contenuto prima di pubblicarlo. Innanzitutto, ti consente di fare brainstorming e sperimentare idee prima di impegnarti nel video. Se qualcosa non funziona o se devi riorganizzare le sezioni, puoi farlo facilmente. Inoltre, lo storyboard ti aiuta a sviluppare nuove idee che non sono ancora completamente formate. Poiché i social media sono così visivi, lo storyboard ti permette di immaginare come apparirà il tuo contenuto e come sarà presentato prima di iniziare a crearlo. Pianificando il tuo contenuto con lo storyboard, ti impegni a creare un lavoro deliberato, ponderato e ben realizzato che il tuo pubblico noterà.

Se inizi a essere riconosciuto per il tuo eccellente contenuto, costruirai fiducia e otterrai follower. Lo storyboard è anche un modo per catturare piccoli elementi che potresti dimenticare quando pubblichi in fretta, come adesivi da aggiungere, hashtag, tag di posizione, menzioni e altri. Se più persone lavorano sui social media della tua azienda, lo storyboard è un modo per assicurarti che tutti siano sulla stessa pagina. Se devi presentare storie sui social media a un direttore marketing o ad un editore, è anche un ottimo modo per mostrare loro visivamente ciò a cui stai pensando. Infine, puoi trasformare lo storyboard in modelli per futuri contenuti, in modo da non dover partire da zero ogni volta. Come responsabile dei social media, conoscere diversi modi per creare contenuti freschi e professionali è fondamentale, e lo storyboard sarà sicuramente uno degli strumenti più utili nel tuo arsenale. Prima dell'era del Social Media, qualsiasi azienda che volesse diventare un marchio famoso doveva invadere le trasmissioni televisive e ciò costava denaro. La famosa pubblicità "I'd Like to Buy the World a Coke" del 1971 è costata 250.000 dollari per essere realizzata e molto di più per essere trasmessa su tutte le principali reti televisive, il che era un importo stupefacente anche all'epoca. Ma ora qualsiasi persona con una fotocamera per cellulari e un account sui social media può raggiungere lo stesso numero di persone se il loro contenuto diventa virale.

E ora arriva il bello, per poter completare lo studio del calendario editoriale, dobbiamo aprire una parentesi su cosa è un contenuto "virale".

Tutti conosciamo esempi di post diventati virali, sia positivi che negativi, ma come avviene la viralità del contenuto? Cosa spinge le persone a condividere il contenuto? Purtroppo non esiste una ricetta infallibile per diventare virali, ma Jonah Berger, professore all'Università della Pennsylvania, ha analizzato migliaia di contenuti virali per individuare temi comuni tra di loro. Ha identificato sei idee che è consigliabile seguire per massimizzare l'interazione, e le ha descritte nel suo libro "Contagious". Vediamole brevemente insieme.

Berger ha identificato sei temi comuni tra i post viral: il post dovrebbe aumentare la "moneta sociale", avere un trigger sensoriale che faccia pensare al tuo brand, suscitare emozioni, rappresentare un'identità pubblica del brand, essere pratico e raccontare una buona storia sul tuo prodotto.

Iniziamo con il primo tema: dovresti creare post o annunci che aumentino la "moneta sociale" delle persone quando li condividono. La maggior parte delle persone sui social media desidera apparire intelligenti, colte ed etiche. Dovresti fornire loro contenuti che li aiutino a raggiungere questi obiettivi. Saranno più propensi a condividere quel contenuto perché li fa apparire bene. Ad esempio, prendiamo il caso di Tom's Shoes. Nel 2014, Tom's ha lanciato una campagna pubblicitaria di successo in cui prometteva di donare un paio di scarpe per ogni paio acquistato dai clienti. Indossare le scarpe Tom's significava per le persone mostrarsi come consumatori etici e coscienziosi, aumentando così la loro "moneta sociale". Le persone hanno inondato Facebook e Instagram con foto di sé stessi che indossavano le scarpe Tom's, permettendo all'azienda di ottenere la pubblicità gratuita degli utenti.

Il secondo tema riguarda la creazione di un trigger per il tuo prodotto. Questo è qualcosa che fa pensare immediatamente al tuo prodotto quando le persone lo vedono, sentono, odorano o toccano. Uno degli esempi più riusciti di trigger nella storia della pubblicità è lo slogan di Nike "Just Do It". Quando la maggior parte delle persone sente "Just Do It", pensa a Nike. Altri esempi famosi includono la frase "Sai dove sono i tuoi figli?" di una campagna di sicurezza pubblica di New York City e la frase "wassup" di Budweiser, che segnala il momento di rilassarsi bevendo una "Bud".

Evocare forti emozioni è un ottimo modo per diventare virali. L'emozione può essere felicità, tristezza o anche rabbia. Un buon esempio è la pubblicità "Dear Brother" di Johnny Walker del 2015. Nel video, due fratelli ventenni camminano attraverso gli splendidi e mozzafiato paesaggi delle Highlands scozzesi. Attraversano colline verdeggianti e si fermano in capanne di pietra in rovina, condividendo Johnny Walker lungo il percorso, fino a quando raggiungono una scogliera che si affaccia sull'oceano. A questo punto, il video rivela che uno dei due fratelli è morto e l'altro è andato alla scogliera per spargere le sue ceneri. Le persone hanno immediatamente pubblicato video di reazioni a come la pubblicità li ha commossi. Da allora è stato visualizzato decine di milioni di volte, dimostrando il successo di Johnny Walker nel suscitare forti emozioni e creare la pubblicità di whisky più riuscita nella storia.

Un altro modo per diventare virali è creare un marchio che massimizzi la sua pubblicità. "Adidas" ne è un ottimo esempio. Il loro logo con tre strisce è così ubiquitario che la maggior parte delle persone lo riconosce immediatamente e lo associa al marchio. È anche facilmente riproducibile su schermi, scarpe o adesivi. Cerca di trovare un logo e una combinazione di colori unici che massimizzino la visibilità. In questo modo, le persone sapranno di chi è il prodotto ogni volta che lo usano o ne parlano.

Le persone amano condividere contenuti pratici o immediatamente utili. "Valentina Lord" ha creato un video con un trucco per sbucciare l'aglio e l'ha pubblicato su Twitter. Il video è diventato virale e ha ricevuto oltre 24 milioni di visualizzazioni. La natura pratica e universale di questo trucco per sbucciare l'aglio ha spinto le persone a condividerlo.

Infine, come abbiamo discusso in precedenza, le persone amano le storie. Gli annunci e i contenuti che raccontano una storia sono più probabili di essere condivisi, e possono essere ancora più potenti se invitano le persone a condividere la propria storia. Un esempio leggendario è la campagna "Real Beauty" di Dove dell' anno 2010. Dove ha scoperto che solo il 4% delle donne in tutto il mondo si considerava belle, principalmente a causa degli standard non realistici creati dalle pubblicità ritoccate. Hanno quindi lanciato la campagna virale "Real Beauty" con una collezione di storie di donne che hanno scoperto di essere e sentirsi belle. I social media hanno permesso ai clienti di comunicare con l'azienda trasformando il processo di scoperta della propria bellezza in una storia. Questa campagna pubblicitaria è stata una delle più riuscite dell'ultimo decennio.

Creare contenuti virali non è facile e non devi pensare che tutto il tuo contenuto sui social media debba diventare virale. Ti suggerisco di tenere a mente questi sei temi descritti da Jonah Berger durante lo sviluppo del tuo contenuto. Potrebbero darti idee per la creazione di contenuti e rendere il tuo contenuto più coinvolgente nel complesso.

Immagina di fare un viaggio nella grande città che hai sempre voluto visitare. Ci sono molti posti che desideri vedere e molte cose da fare. Hai letto tutto sulle attrazioni culturali, sui ristoranti e sui luoghi storici e ti avvicini a tutto con la mentalità di seguire il flusso e vedere dove ti porta la giornata.

Ma alla fine del tuo viaggio ti rendi conto di aver trascorso troppo tempo in un museo e di non essere riuscito a visitare l'altro museo che volevi vedere. Non ti sei reso conto che il sito storico si trovava dall'altra parte della città e non sei riuscito a entrare nel ristorante perché era necessario prenotare settimane in anticipo. È stato un viaggio, ma non quello che speravi. Se potessi tornare indietro, avresti pianificato un programma per ogni giorno, dicendo dove andare e quando considerando anche i tempi di spostamento e facendo prenotazioni in anticipo. Avrebbe richiesto più sforzo nella pianificazione, ma il tuo viaggio sarebbe stato il viaggio dei tuoi sogni.

Quando si tratta della tua strategia sui social media, potresti sicuramente improvvisare e pubblicare contenuti mano a mano, ma potrebbero non essere i contenuti che tu o il tuo pubblico desiderano e probabilmente non raggiungeranno alcun obiettivo. Se vuoi avere un piano di esecuzione, usa un calendario dei contenuti, che è semplicemente un calendario in cui inserire gli eventi imminenti per le piattaforme dei social media, quando saranno pubblicati e dove. Senza un calendario, sarai costretto a pubblicare contenuti in tempo reale, sforzandosi per trovare qualcosa di rilevante e senza rendersi conto che potrebbe essere necessario collegarlo a post precedenti o a campagne già create.

È davvero così importante pensare attentamente a quali contenuti sui social media pubblicare quando potrebbe essere semplicemente condividere un link o caricare una foto? La pubblicazione sui social media non è indipendente dalla tua strategia di marketing complessiva. Come abbiamo menzionato nei capitoli precedenti, uno dei principali motivi per pubblicare sui social media è l'interazione con i clienti, che promuove il tuo marchio, aumenta la fiducia, fornisce qualcosa di valore ai tuoi follower e li trasforma in fan. Se ogni post lavora insieme per costruire la tua strategia di coinvolgimento dei clienti, non vorrai lasciarlo al caso.

Proprio come il tuo viaggio pianificato ci ha permesso di visitare più posti e fare più cose con meno preoccupazioni su come farlo, ci sono molti vantaggi nell'avere un calendario dei contenuti per i tuoi post sui social media. Questa organizzazione ti consente di pianificare in anticipo quali contenuti pubblicheremo, quando e su quale piattaforma. Ti permette di tenere organizzati i tuoi post futuri, ti dà il tempo per riflettere attentamente sui tuoi post e mapparli come parte di una strategia di contenuti più ampia. Potendo vedere alcune settimane o mesi in anticipo, il calendario dei contenuti ti aiuta a mantenere la coerenza nella tua voce di brand.

Non solo ti permette di vedere i vari post e come si inseriscono per promuovere il tuo marchio, ma probabilmente scriverai diversi post contemporaneamente o raggruppandoli (batching), il che garantirà che saranno scritti con la stessa voce. Avrai anche la possibilità di rivedere i post futuri e, se uno non si allinea con il marchio, puoi rimuoverlo o modificarlo. Un calendario dei contenuti può anche aiutarti a pianificare eventi imminenti, festività e occasioni speciali. Segna le festività principali o le festività che potrebbero essere importanti per il tuo settore, come la "Giornata Nazionale del Gelato", se stai realizzando contenuti per una gelateria, in modo da poter pianificare i contenuti per quella giornata e avere il tempo di crearli ben prima che debbano essere pubblicati.

Se qualcosa improvvisamente sorge e vuoi pubblicare in merito, saprai quali post puoi programmare per un altro momento e quali devono rimanere per corrispondere a una data specifica. Un calendario dei contenuti ti permette anche di colmare eventuali lacune. I social media richiedono una pubblicazione costante per mantenere i follower coinvolti, quindi avere un calendario dei contenuti che mostri cosa verrà pubblicato e quando ti aiuterà a individuare eventuali lacune nella pianificazione dei post o se ci sono troppi post contemporaneamente, ad esempio.

Infine, un calendario dei contenuti consente una maggiore collaborazione tra i membri del team. Saranno in grado di vedere quali post sui social media sono in arrivo e potranno suggerire post propri o aggiungersi ai post già creati. Il team può gestire i canali dei social media per rispondere e monitorare le risposte alle call to action generate dai post. Inoltre, avere un calendario dei contenuti facilita la revisione dei post. Se il tuo team richiede un secondo set di occhi per l'approvazione, sei pronto a iniziare a compilare il tuo calendario dei contenuti. Prima di farlo, dai un'occhiata al lavoro di preparazione che hai fatto in precedenza. Ricorda come hai specificato i tuoi obiettivi SMART, il tuo pubblico target e il loro percorso di cliente. Queste informazioni saranno molto utili quando inizierai a popolare i tuoi post.

Contenuto o un riposto contenuto curato e così via, e ovviamente vuoi includere una data e un'ora specifiche in cui il contenuto va live. Naturalmente, puoi utilizzare qualsiasi modello che ritieni sia il migliore per te, oppure puoi fare affidamento su strumenti di calendario dei contenuti forniti da aziende come HubSpot o HootSuite. La cosa più importante da ricordare è che il miglior calendario dei contenuti è quello che effettivamente utilizzerai.

L'unico modo per capire veramente come viene creato un calendario dei contenuti è crearne uno noi stessi. Riprendiamo l'esempio di Carlo e di "ForPets" per aiutarlo a creare un calendario dei contenuti per il suo coinvolgimento sui social media. Prima di tutto, vogliamo pensare agli obiettivi che abbiamo per il nostro contenuto sui social media. Come abbiamo affermato nelle lezioni precedenti, il nostro contenuto fornisce valore al nostro pubblico e ci connette con esso, aumentando la consapevolezza del nostro marchio e la fiducia. Mentre iniziamo a fare brainstorming, vogliamo assicurarci che il contenuto, così come la voce dei nostri post, parli direttamente al nostro pubblico. Possiamo anche capire quali contenuti piacciono al nostro pubblico guardando ciò con cui si sono maggiormente impegnati in passato. Ad esempio, hanno apprezzato gli articoli informativi sulla toelettatura degli animali domestici, hanno risposto bene alle storie della nostra comunità e condividono molto i nostri divertenti video sugli animali domestici. Iniziamo a fare brainstorming su alcuni contenuti per "ForPets". È una buona idea annotare le idee nel tuo calendario in modo da tenere tutto in un unico posto e in modo che chiunque nel tuo team che abbia accesso al calendario possa contribuire ad esso. Ci sono molti siti web e app per la creazione e la gestione dei calendari dei contenuti. Il modo più semplice per creare un calendario dei contenuti è utilizzare un semplice foglio di calcolo come Google Sheets o Excel, per esempio.

Apri un nuovo foglio di calcolo.

Prima di iniziare a organizzare un calendario, designiamo una delle schede come "idee per il contenuto". Sappiamo fin dall'inizio che vogliamo contenuti informativi, contenuti ispirazionali e contenuti divertenti e coinvolgenti. Vogliamo anche ricordarci di includere contenuti che informino il nostro pubblico sui nostri servizi e su eventuali eventi in programma. Contenuti direttamente correlati alla nostra attività che vogliamo far conoscere al nostro pubblico. Per i contenuti informativi, assicuriamoci di condividere alcuni dei nostri recenti articoli sulle cure e la toelettatura degli animali domestici. Possiamo e dovremmo anche condividere contenuti creati da altri che troviamo utili. Carlo ha segnato alcuni articoli sull'importanza della toelettatura per la salute degli animali domestici e può condividerli con il suo pubblico. Il nostro calendario dei contenuti arriverà fino all'estate, quindi assicuriamoci di condividere uno o due articoli su come cambia la toelettatura degli animali domestici durante il periodo più caldo.

Per i contenuti ispirazionali, possiamo raccontare storie della nostra comunità, ad esempio come uno dei nostri clienti ha salvato un gatto, o condividere foto o video di membri della comunità che portano i loro animali domestici a visitare una casa di riposo. I video divertenti e coinvolgenti sono facili, poiché gli animali dei clienti di Carlo amano mostrarsi davanti alla telecamera. Per quanto riguarda i contenuti legati alla nostra attività, possiamo pubblicare informazioni sui nostri servizi, eventuali sconti o nuove offerte che abbiamo, promozioni o aggiornamenti della nostra app mobile. A questo punto sorge spontanea una domanda, ci sono campagne, serie o hashtag che possiamo utilizzare?

Un cliente di Carlo ha suggerito di fare una serie di "throwback Thursday" con membri della comunità "ForPets" quando erano bambini con i loro primi animali domestici, utilizzando l'hashtag #motivationalMonday che potrebbe essere facile da realizzare. Forse vogliamo porre una domanda serale per ottenere risposte e coinvolgimento dai nostri follower. Sebbene questo brainstorming non sia ancora il nostro calendario dei contenuti, puoi iniziare a vedere che tipo di idee hai da utilizzare e quali piattaforme potrebbero essere più adatte per esse.

Questo è anche un buon punto in cui gli altri membri del team possono condividere le loro idee.

Apriamo un'altra scheda e mettiamo in pratica il nostro calendario.

Personalmente mi piace strutturare il mio calendario in modo da poter inserire facilmente le seguenti informazioni:

1. La data e qualsiasi festività o evento speciale da tenere presente;
2. Secondo, le idee per il contenuto. Mi piace suddividerle in idee che si riferiscono a un determinato giorno o periodo dell'anno e in contenuti evergreen, in modo da sapere quali contenuti sono più facili da riprogrammare se necessario. Mi piace mantenere una riga per piattaforma in cui sono attiva.
3. Terzo, una volta che il contenuto è pronto,

posso aggiungere un link ai post qui per ogni piattaforma, in modo da poter sempre tornare indietro e verificare ciò che ho pubblicato. Nel caso di "For Pets", Carlo pubblica su Facebook, Instagram e Twitter, quindi è lì che dovremmo compilare le informazioni.

4. Quarto, dopo aver impostato le date nel nostro calendario, aggiungiamo le festività nazionali in modo da poter creare contenuti ad essi collegati. Già abbiamo la festa della mamma, la festa del papà,il 25 Aprile ed il 02 Giugno. Carlo conosce altre giornate speciali legate agli animali domestici, come il mese nazionale della consapevolezza degli animali domestici e il "Porta il tuo gatto al lavoro per un giorno", quindi inseriamo anche questi. Aggiungiamo anche alcuni traguardi interni per l'azienda, come quando saranno disponibili gli aggiornamenti dell'app o quando inizia il nostro saldi estivi nell'e-commerce.

5. Quinto, prima di iniziare a inserire gli altri contenuti che abbiamo pensato, pianifichiamo il nostro contenuto in base a queste giornate speciali. Inseriamo i temi dei contenuti qui e aggiungiamo anche i formati che abbiamo in mente per ogni piattaforma. Ora possiamo iniziare a compilare gli altri contenuti che abbiamo pensato.

Possiamo presentare consigli e suggerimenti in base all'argomento selezionato, che potrebbero essere testuali e quindi adatti a Twitter o Facebook. Inoltre, potremmo Pubblicare interviste e video, che sarebbero adatti invece ad Instagram, Twitter o Facebook. Storie di ispirazione saranno adatte a

Instagram e Facebook. Successivamente, colleghiamo il contenuto al calendario in modo da creare una coerenza nella narrazione e nella pubblicazione dello stesso.

Facciamo un esempio, "ForPets" organizza un incontro quotidiano per animali domestici o un campo estivo per i proprietari locali di animali domestici, che include la toelettatura gratuita e le iscrizioni terminano il 31 maggio. Vogliamo fare un conto alla rovescia per ricordare ai nostri follower, ma non vogliamo farlo solo il giorno prima, quindi includiamo alcuni promemoria nelle settimane precedenti la scadenza. Parlando del campo estivo, pianifichiamo una serie di foto o video per mostrare il divertimento che i nostri animali domestici della comunità hanno avuto al campo la settimana prima del 2 giugno. Pianifichiamo di fare un post con alcuni animali dei nostri clienti vestiti con costumi patriottici, ma sappiamo anche che i fuochi d'artificio possono essere una fonte di stress e ansia per gli animali domestici, quindi creiamo alcuni post che anticipano il 2 giugno sul rumore e sui modi in cui i proprietari possono gestire lo stress degli animali domestici. Infine, riempiamo il calendario con contenuti per le altre festività e gli eventi speciali.

Ora riempiamo alcuni dei contenuti che abbiamo già pensato, come promuovere i nostri articoli del blog, condividere informazioni sui nostri servizi e inserire la nostra domanda serale. Puoi già vedere come i nostri contenuti stiano prendendo forma in modo gestibile e come, con un solo sguardo, possiamo vedere cosa ci aspetta e dove dobbiamo creare altri contenuti. Possiamo inserire tutti i contenuti che vogliamo, ma dobbiamo essere sicuri di poterli creare e pubblicare tutti. Dobbiamo anche assicurarci di pubblicare con una certa frequenza e costanza su ogni piattaforma di social media, in modo che il nostro pubblico continui a vedere la nostra presenza e possa aspettarsi nuovi contenuti da noi regolarmente. Gli studi mostrano che un'azienda dovrebbe pubblicare una volta al giorno su Facebook, 15 volte al giorno su Twitter, 11 volte al giorno su Pinterest e una o due volte al giorno su Instagram. Non spaventarti, può sembrare molto lo so, ma ci sono tre cose da ricordare.

Prima di tutto, non è necessario pubblicare così tanto, basta assicurarsi che i post sui social media siano sufficientemente frequenti e costanti per garantire un coinvolgimento costante. La seconda cosa da ricordare è che molti di quei post saranno contenuti curati, condivisi da altri siti, leader del settore o dai singoli follower stessi. Sebbene dobbiamo comunque scrivere perché condividiamo il contenuto, si tratta di contenuti che sono già stati creati e ci fa risparmiare un passaggio. La terza cosa da ricordare è che i post non devono essere singoli post indipendenti. Puoi utilizzare i contenuti su diverse piattaforme. Carlo potrebbe creare un post per Facebook che sia un riassunto del suo articolo del blog, potrebbe prendere il video dal suo articolo del blog e usarlo per un post su Instagram con una didascalia o una citazione dall'articolo invece di un riassunto e potrebbe suddividere l'articolo in 10 suggerimenti o 10 citazioni da pubblicare durante la giornata su Twitter. Ora sappiamo esattamente cosa pubblicheremo, in quale formato, su quale piattaforma e se fa parte di una serie più ampia. Possiamo semplicemente compilare il testo, le immagini o il video, gli hashtag e i link che vogliamo utilizzare, stabilire l'orario in cui pubblicheremo e continuare ad aggiungere idee fino a quando il calendario non sarà completo. Congratulazioni, hai creato un piano di contenuti per i social media di "ForPets" per tre mesi in pochi minuti. Pianificando i nostri contenuti, risparmiamo tempo e stress perché non dovremo correre per creare post, non dovremo preoccuparci di perdere scadenze o festività e ora che abbiamo un piano possiamo modificarlo come desideriamo. Abbiamo anche un modo semplice per tenere traccia dei contenuti e vedere quali tipi di contenuti funzionano con il nostro pubblico. Ogni azienda con una solida strategia di social media sa che mantenere il flusso di contenuti è fondamentale, ma questo non significa che ogni pezzo di contenuto debba essere creato da zero. Non c'è bisogno di reinventare la ruota ogni volta, perché ci sono molti contenuti che puoi riutilizzare dal lavoro che hai già svolto.

Il riutilizzo dei contenuti è semplicemente l'idea che nessun contenuto è mai "una tantum". I tuoi contenuti sono ricchi di idee, storie, statistiche e informazioni che possono essere presentate in diversi formati, in modo da poter interessare nuovi pubblici e ampliare la tua portata. Il riutilizzo dei contenuti non è solo un modo per ottenere un maggior valore dai tuoi contenuti, ma è anche un modo facile per riempire il tuo calendario dei contenuti sui social media. Sono certa che a questo punto ti starai chiedendo, ma come funziona? Immaginiamo di aver scritto un articolo del blog sullo stato del coinvolgimento sui social media oggi nel tuo settore e lo condividi con il tuo pubblico. Ecco tutto! Passiamo al prossimo articolo del blog, potresti pensare. Ma in realtà puoi ottenere ancora molto da quel post. Ad esempio, prendi alcune delle statistiche che hai trovato e crea un sito web per l'attività. Per Instagram potrebbe essere come creare un sito web per un portfolio creativo.

Descritto in questo modo, sembra tutto molto semplice e anzi sembra che il lavoro, svolto una volta, non si debba più ripetere, ma in realtà non è assolutamente così. Infatti il riutilizzo dei contenuti richiede un cambio di punto di vista (POV).

Una volta che inizi a vedere tutte le opzioni per riutilizzare i contenuti, inizierai a utilizzare più spesso questa tattica e terrai presente il riutilizzo anche quando crei nuovi contenuti. Potrebbe sembrare solo una scorciatoia, ma ci sono diversi vantaggi nell' usare nuovamente un contenuto già realizzato, come abbiamo già visto. Estende il valore dei tuoi contenuti.

Quello che stai cercando di condividere non è solo il tuo articolo o la tua white paper, ma le idee al suo interno. Inizia a vedere i contenuti in termini di idee che possono essere comunicate in molti formati diversi. Abbiamo già visto che piattaforme di social media diverse mettono in evidenza formati diversi. Gioca su questo punto di forza della piattaforma utilizzando i tuoi contenuti in formati diversi, ad esempio creando una presentazione per LinkedIn, un video di istruzioni per YouTube o un'infografica per Pinterest.

Il riutilizzo dei contenuti in diversi formati espone anche le tue idee e scoperte a un pubblico più ampio che potrebbe non consumare i contenuti in un formato, ma potrebbe divorarli in un altro. Diffondendo le tue idee attraverso contenuti riutilizzati, ripeti e rafforzi il messaggio che stai cercando di comunicare al tuo pubblico. Vedere il tuo messaggio in un solo posto potrebbe non avere un impatto, ma vederlo ripetutamente in vari formati farà sì che il messaggio riutilizzato funzioni come un amplificatore per il brand. I contenuti riutilizzati ti danno più post sui social media. Più contenuti significa pubblicare più frequentemente al riguardo, il che può completare il tuo calendario dei contenuti. Se il tuo pubblico ti vede pubblicare pezzi di contenuto di qualità in modo coerente e frequente, rimarrai presente nel loro feed e avrai un posto di rilievo nella loro mente. Riutilizzando i tuoi contenuti e condividendo il tuo messaggio in modi diversi, ti posizioni anche come un'autorità nel settore. Avendo più contenuti a disposizione del tuo pubblico, puoi scoprire quale formato li coinvolge di più. Hai scritto articoli del blog ma hai scoperto che il tuo pubblico presta molta più attenzione a un podcast creato da quel post? Ora sai dove concentrare i tuoi sforzi futuri nella creazione di contenuti. Il riutilizzo dei contenuti ti offre anche vantaggi in termini di ottimizzazione per i motori di ricerca, poiché i contenuti riutilizzati contengono le stesse parole chiave. Aumenterai l'associazione del tuo brand con tali parole chiave nella ricerca, aumentando la probabilità che i tuoi contenuti vengano visualizzati nei risultati di ricerca per quelle parole chiave. Inoltre, se i tuoi contenuti fanno riferimento ad altri siti web o studi, i contenuti riutilizzati questo ti darà più opportunità di creare collegamenti, il che è un altro modo per migliorare il tuo posizionamento nei motori di ricerca.

Infine, sì, il riutilizzo dei contenuti ti farà risparmiare tempo perché non devi partire da zero ogni volta che vuoi creare un nuovo pezzo di contenuto. Quindi, non reinventare la ruota. Anche se ci sono momenti in cui devi ancora creare nuovi contenuti da zero, sappi che ci sono molti modi diversi per riutilizzare i contenuti esistenti in modo da poter costruire il tuo pubblico e la tua autorevolezza.

C'è un vecchio detto che dice "nulla ha successo come il successo". Dalle trasmissioni televisive alle auto al caffè, se un prodotto piace al tuo pubblico, vorrai cercare di replicare ciò che hai fatto per ottenere quel successo. Lo stesso vale per i tuoi contenuti. Se un particolare argomento o format risuona con il tuo pubblico, vorrai creare più contenuti sulla stessa linea.

Se il tuo pubblico non apprezza un determinato argomento o formato, vorrai riorientare i tuoi sforzi.

A questo sorge spontanea una domanda, ma come puoi sapere cosa sta andando bene e cosa no?

La parola che ci occorre in questo caso è "analisi" dei contenuti, che può aiutarci a scoprire dove risiedono i tuoi successi. Un'analisi è semplicemente un elenco dettagliato dei contenuti che possiedi e delle metriche di coinvolgimento associate a ciascun pezzo di contenuto, come il numero di mi piace, condivisioni e commenti ricevuti da ciascun pezzo. Puoi analizzare i tuoi numeri, individuare modelli, valutare i tuoi contenuti e pianificare futuri contenuti basando essi sui dati che hai raccolto.

Le analisi dei contenuti coprono tutti i tuoi contenuti, quindi includono i contenuti sul tuo sito web, sul tuo blog e sui tuoi account dei social media. Prendere l'abitudine di condurre regolarmente analisi per i tuoi contenuti sarà uno dei compiti più utili che puoi fare per la tua attività. Non solo ti permette di avere un controllo molto migliore dei tuoi contenuti, ma ti consente di individuare quali contenuti sono preziosi e coinvolgenti, individuare eventuali tendenze nell'interazione con i contenuti, vedere dove puoi apportare miglioramenti e verificare se il pubblico che interagisce con i tuoi contenuti è allineato con il tuo pubblico target. Alcune aziende effettuano un'analisi completa una volta all'anno quando aggiornano le pagine statiche, altre fanno un'analisi mensile o addirittura settimanale per tenere sotto controllo l'interazione con i contenuti. Spetta al ciclo dell'attività decidere cosa vuoi monitorare e con quale frequenza, ma ti suggerisco di valutare i tuoi contenuti sui social media almeno mensilmente. Iniziamo impostando un foglio di calcolo per tracciare i contenuti sul nostro sito web.

Tuttavia, potresti voler tracciare tutte le tue analisi su fogli diversi in un unico foglio di calcolo, ad esempio su Google Sheets.

Inizia popolando un elenco con tutti i tuoi contenuti. Questo include pagine statiche, articoli del blog, video, download digitali e qualsiasi risorsa sul tuo sito con cui il tuo pubblico interagisce. Dovrai registrare almeno il titolo, l'URL e la data di creazione, l'autore, l'ultima modifica, l'argomento o il tema, se ci sono immagini o video nella pagina e eventuali altre note che ti saranno utili. Fare ciò manualmente potrebbe essere una sfida, ma ci sono risorse che possono aiutarti. Se il tuo sito web dispone di un sistema di gestione dei contenuti puoi utilizzarlo per ottenere un elenco dei tuoi contenuti. Inoltre, ci sono siti web di terze parti che possono eseguire una scansione del tuo sito e fornirti un elenco. Screaming Frog ad esempio è uno di questi strumenti di scansione. Puoi ottenere queste informazioni anche attraverso l'utilizzo di Google Analytics. Google Analytics traccerà e segnalerà tutte le interazioni degli utenti con il tuo sito web. Ricorda che, sebbene le analisi possano tracciare tutte le metriche, non tutte le metriche saranno utili per te, quindi dovrai decidere quali metriche ti aiuteranno a determinare quali contenuti hanno successo in base ai tuoi obiettivi di marketing. Tipicamente, le metriche più utili per i contenuti sono il numero di visite e il numero di visitatori, nonché il tempo trascorso sulla pagina. Mentre aggiungi queste metriche, potresti decidere di organizzare tutte le informazioni per mese in modo da poter monitorare le prestazioni dei tuoi contenuti di mese in mese.

Ora puoi semplicemente compilare questa enorme quantità di dati e lasciarla lì.

Non preoccuparti se non hai una formazione in analisi aziendale o statistica, inizia semplicemente a cercare modelli.

Ad esempio, noti che i visitatori rimangono più a lungo su determinati articoli del blog? Esamina gli argomenti di quegli articoli e concentra maggiormente gli sforzi su quegli argomenti in futuro. I visitatori rimangono più a lungo su pagine che contengono immagini? Usa più immagini. Dopo aver esaminato i tuoi dati e individuato modelli, puoi agire. Puoi persino valutare ogni pezzo di contenuto su una scala in modo da poter mantenere i contenuti con valutazioni elevate, aggiornare i contenuti mediocri e eliminare i contenuti con valutazioni basse. E ora che hai identificato i tuoi contenuti con valutazioni elevate, verifica se dovresti condividerne nuovamente alcuni sui social media. Ricorda di utilizzare questi dati per formulare la tua futura strategia dei contenuti. Ora passiamo all'analisi dei tuoi post sui social media.

Il mio consiglio è quello di iniziare con un'analisi specifica per ogni piattaforma, ma prima di analizzare i singoli post, elenca le piattaforme dei social media, l'URL del tuo profilo e il numero di follower.

Se fai questo ogni mese, otterrai una buona idea di come il tuo pubblico sta crescendo. Quindi, come hai fatto per l'analisi dei contenuti sul tuo sito web, dovrai procedere piattaforma per piattaforma e fare un'analisi dei singoli post. Puoi utilizzare il pannello di controllo delle piattaforme di social media per creare un elenco dei tuoi post social.

Puoi essere più dettagliato aggiungendo informazioni sul call to action dei post, l'argomento o se facevano parte di una campagna. Successivamente, aggiungi le metriche che desideri misurare, come click, mi piace, condivisioni, numero di commenti e così via. Ricorda che devi monitorare le metriche che sono più importanti per aiutarti a misurare i tuoi obiettivi.

Ora, proprio come abbiamo fatto per l'audit del sito web, analizza i dati per individuare eventuali modelli in modo da poter pianificare i tuoi contenuti. Di solito, cerchi i contenuti che hanno ottenuto più interazioni, come mi piace, condivisioni e commenti. Dopotutto, di questo si tratta sui social media: vuoi coinvolgere il tuo pubblico e identificare i contenuti che hanno successo. Forse stai notando che i post con immagini su Twitter ottengono più mi piace rispetto ai post con semplice testo. Pianifica di includere immagini nei tuoi tweet in futuro.

Stai scoprendo che i post su Facebook che ottengono più interazioni sono quelli educativi o informativi, dal momento che è ciò a cui il tuo pubblico risponde. Continua a pubblicare post educativi su Facebook. I tuoi stessi post non ottengono molto interesse su Twitter? Riduci quel tipo di post. Ora che hai completato l'audit dei tuoi social media, pianifica di farne un altro tra un mese per continuare a monitorare il tuo coinvolgimento.

A questo punto potrai valutare i tuoi cambiamenti futuri come punto di riferimento e usa questo sistema per iniziare a trovare i tuoi successi e dove puoi creare più contenuti di valore e coinvolgenti.

Costruire un seguito è la parte più essenziale per stabilire la presenza di un'azienda sui social media. Naturalmente, per ottenere persone che ti seguano, devi pubblicare contenuti interessanti e coinvolgenti, e potrebbe volerci un po' di tempo per ottenere un pubblico. Tuttavia, ci sono alcune cose che puoi fare per aiutare a costruire quel seguito.

Ora, ti guiderò attraverso una serie di consigli utilizzando uno dei nostri esempi di attività: "FlowPower".

"FlowPower" è un negozio di fiori con sede a Sanremo, principalmente basato sul web e che utilizza il suo negozio fisico come showroom. Anna, la proprietaria di "FlowPower", vuole utilizzare i social media per far crescere la sua attività.

Ecco cinque passaggi che può compiere per stabilire il suo seguito. La prima cosa che Anna dovrebbe fare è trasformare il suo seguito personale sui social media in un seguito professionale. Quando inizi la tua presenza aziendale, devi farlo sapere alle persone. Iniziare con i tuoi amici ti aiuterà a diffondere la parola iniziale. Facebook ti dà l'opzione di invitare i tuoi amici e familiari a seguirti quando crei una pagina aziendale. Anna dovrebbe farlo e chiedere ai suoi amici più stretti di pubblicizzare anche "FlowPower". Una volta che i tuoi amici e familiari ti seguono, il passo successivo è iniziare a pubblicare contenuti di valore. Pubblicare contenuti di valore è un ottimo modo per far crescere il tuo seguito, passando dagli amici agli sconosciuti. Se pubblichi video e articoli utili, i tuoi follower potrebbero essere più inclini a condividerli. In questo modo otterrai maggiore visibilità e c'è la possibilità che le persone che vedono i tuoi post inizino a seguirti. Per "FlowPower", potrebbe trattarsi di un video che insegna alle persone come prendere i fiori e pressarli per farne dei segnalibri, ad esempio. Anna potrebbe anche insegnare alle persone sette semplici passaggi per mantenere in vita le piante, creando altri contenuti pertinenti ai fiori. Gli hashtag sono un ottimo modo per connettersi con potenziali clienti. Collegano i post dei social media per argomento e li aggregano sotto una singola parola. "FlowPower" dovrebbe utilizzare hashtag come #flower, #flowers, #flowergram, #flowerphotography e altri hashtag popolari simili con milioni di post correlati. In questo modo, espongono la loro attività a un pubblico più ampio. Quando le persone cercano questi argomenti, i post di "FlowPower" potrebbero apparire e le persone che li vedono potrebbero decidere di seguirli. L'uso delle menzioni ti consente di taggare altri utenti. Quando taggi un altro utente, verrà notificato e vedrà il tuo post. Questo potrebbe spingerlo a condividere il tuo post e lo esporrà all'audience della persona o azienda che hai menzionato. "FlowPower" dovrebbe menzionare chiunque acquisti o pubblichi i loro fiori in modo che queste persone possano condividere "FlowPower" con i loro amici. Puoi essere creativo con le menzioni, ad esempio, "FlowPower" potrebbe pubblicare una piccola composizione di tavolo con una tazza di caffè e un croissant e menzionare la panetteria dove ha comprato i croissant. Qualcosa del tipo "godendomi un po' di caffè e croissant con @molenbacherdeliciousness". Con un po' di fortuna, la panetteria Molenbacher condividerà il post con il suo pubblico. Gli influencer dei social media sono persone che hanno un gran numero di follower e faranno pubblicità alla tua attività per te. Hanno almeno 2000 follower e di solito ti addebitano per i loro servizi. Puoi trovare gli influencer giusti per te utilizzando software come Socialbakers o Tagger. Ad esempio, l'influencer Kira Madison ha pubblicizzato Wooden Shoe Tulip Farm a un pubblico di oltre 10.000 spettatori. "FlowPower" potrebbe trovare qualcuno di simile per parlare dei loro fiori, il che potrebbe aiutare a far crescere il loro seguito.

A volte, influencer di minori dimensioni promuoveranno prodotti che ricevono gratuitamente, quindi potrebbe valerne la pena inviare alcuni fiori gratuiti a poche persone influenti nella speranza che pubblichino bouquet su Instagram e menzionino "FlowPower". In alternativa, potrebbero inviare fiori rossi gratuiti o scontati a eventi molto fotografati come matrimoni in cambio di menzioni pubblicitarie su post sui social media legati ai matrimoni. Infine, è possibile utilizzare la pubblicità per aumentare il proprio seguito, e tutte le buone inserzioni partono da una buona storia. Per "FlowPower" ciò significa raccontare la storia della loro fondatrice, Anna, con un video introduttivo e un post su Instagram. Anna amava raccogliere fiori durante lunghe escursioni da bambina, li intrecciava in corone usando i suoi colori preferiti. Il suo fiore preferito era l'edera. Successivamente, ha frequentato l'accademia d'arte e ha deciso di dedicarsi professionalmente all'arte di disporre i fiori, nascendo così "FlowPower" La passione di Anna è autentica e costituisce una grande campagna pubblicitaria iniziale. È un ottimo modo per presentare "FlowPower" sui social media e per far crescere il proprio pubblico coinvolgendo emotivamente le persone nella storia del proprio marchio. Costruire un seguito non è sempre veloce, ma se segui questi passaggi e utilizzi strumenti come gli inviti agli amici, gli hashtag, le menzioni, gli influencer e le campagne pubblicitarie, partirai con un ottimo punto di partenza. I social media si basano sull'interazione. I marchi e le aziende sono invitati a far parte della conversazione, ma una conversazione implica che le persone possano reagire a ciò che condividi e lo faranno. Le persone risponderanno ai tuoi post e, una volta che hai una presenza sui social media potrebbero contattare il brand con domande o preoccupazioni.

Vuoi assicurarti che le persone abbiano un'associazione positiva con il tuo marchio e il modo in cui conduci una conversazione sui social media ha un impatto.

Il modo migliore per creare un'immagine positiva del marchio è rispondere ai commenti dei clienti sui social media in modo tempestivo e cortese. Ti guiderò attraverso un processo in quattro fasi sul modo migliore per farlo.

Più di un miliardo di persone seguono i loro marchi preferiti sui social media, secondo i dati del 2020 di Sprout Social. Ciò significa che una buona gestione del marchio sui social media può fare la differenza per un'azienda, mentre una cattiva gestione del marchio può danneggiarla.

CONCLUSIONI

L'obiettivo di questo manuale è quello di fornire le basi per poter iniziare una carriera come SMM ma più di tutto ha come obiettivo quello di farti mettere in gioco per davvero cambiando il tuo punto di vista.
Nel mondo dei Social Media non esiste la ricetta perfetta e sono certa che questa

frase l'avrai sentita un milione di volte ed ogni singola volta in cui l'avrai sentita, avrai provato una sensazione di avvilimento, un pò come all'inizio è capitato a me.

Poi ad un certo punto ho deciso che dovevo mettermi in gioco e da qui nasce il progetto di Shoppiamo Online. Attraverso un programma di affiliazione ho iniziato a porre le basi di quello che da tempo desideravo fare e sai quando questo è accaduto? Quando sono riuscita a dare una risposta a quella domanda tanto complessa, in grado di influenzare il nostro passaggio ad un livello di consapevolezza successivo, di uscire finalmente dal bozzo e divenire farfalla.

Quindi non concludo questo manuale dicendoti che il mio metodo è la ricetta perfetta, ma il mio metodo è in continua evoluzione ed è questo quello che risponde a quella domanda. Non esiste la ricetta perfetta perché il mondo cambia continuamente quindi segui le regole, quelle semplici e che sono efficaci e crea ogni volta la tua ricetta nuova ed aggiornata. Senza aver paura, tenta, prova, buttati e se va male? Cambia un'altra volta. Prova ancora, modifica qualcosa.

Puoi farcela, il successo arriva, ci vogliono tempo e pazienza ma imboccherai la strada giusta perché nulla, dove c'è impegno, resta non premiato, forse ci vuole più tempo ma le gratificazioni arriveranno.

Considera sempre che non parti mai da zero, ma parti sempre da uno e sai perchè? Perchè parti sempre da te stesso. Sei tu la tua fonte, la tua ispirazione. Tu con le tue esperienze, con il tuo vissuto puoi realizzare qualcosa di davvero straordinario.

Martina Astone

Shoppiamo Online nasce da un'idea, dal pensiero di una bambina che ha sempre sognato di realizzare qualcosa che lasciasse un segno, un'impronta. Qualcosa che potesse parlare di quella bambina, che oggi sono io. Mi chiamo Martina e Shoppiamo Online è il mio nuovo progetto per provare a coniugare passione e vita quotidiana. Ho sempre messo al centro della mia vita le emozioni e ho sempre provato a scegliere quello che mi facesse sentire viva. Non mi dilungherò molto sulle solite e noiose descrizioni di storie impersonali che raccontano fatti e accadimenti, posso solo dirvi che oggi, qui con voi, ho tirato fuori il mio coraggio. Il coraggio di provarci, quello che ti viene fuori quando capisci che qualcosa deve cambiare, che quel momento è arrivato. Quel momento per me è adesso.

Questa che hai appena letto è la mia storia! Ma ci tengo a dirti, che da oggi questo percorso non sarà più solo il mio, ma sarà il nostro. Ognuno di voi farà parte del mio percorso, ogni singola persona. Per questo ti dico, se senti che è giunto il tuo momento, tira fuori il tuo coraggio e fai di tutto per realizzare il tuo sogno.

shoppiamo-online.it

Questo manuale è il primo di una collana di 5 da un Livello Base ad uno Advanced Plus per scoprire i segreti di un brand di successo.

‹‹Essere reali è la chiave di lettura del nostro tempo. Solo così possiamo arrivare al cuore del pubblico››

MARTINA ASTONE